회계 이렇게 쉬웠어?

회계 이렇게 쉬웠어?

초판 1쇄 인쇄 2025년 02월 25일
1쇄 발행 2025년 03월 10일

지은이 고윤아
대표 · 총괄기획 우세웅

책임편집 김휘연
표지 디자인 김세경
본문 디자인 박정호

종이 페이퍼프라이스㈜
인쇄 ㈜다온피앤피

펴낸곳 슬로디미디어
출판등록 2017년 6월 13일 제25100-2017-000035호
주소 경기 고양시 덕양구 청초로 66, 덕은리버워크 A동 15층 18호
전화 02)493-7780 **팩스** 0303)3442-7780
홈페이지 slodymedia.modoo.at **이메일** wsw2525@gmail.com

ISBN 979-11-6785-246-5 (03320)

글 ⓒ 고윤아, 2025

회계가 처음인 비전공자도 쉽게 이해하는 회계 이야기

회계

이렇게 쉬웠어?

고윤아 지음

슬로디미디어

프롤로그

'회계는 어렵다'라는 말에서 출발했습니다. 사실 저도 여전히 회계가 어렵지만, 달리 생각해보면 꼭 어렵기만 한 분야는 아닙니다. 아침에 머리를 감다가 풀리지 않던 퍼즐의 조각을 번뜩, 찾아내고 느꼈던 희열과 신났던 출근길을 잊지 못합니다. 여전히 배울 게 많고, 해보지 않은 새로운 일을 마주하면 가슴이 뛰고 설렙니다. 회계는 배워야 할 이론이 무궁무진합니다. 바로 그런 이유로 지치지 않고 지금까지 할 수 있었던 것 같기도 합니다.

살면서 회계라는 분야를 직업으로 삼을 거라고는 상상하지도 못했습니다. 파견직 사무보조직으로 입사해서 회계 팀장까지 하게 됐으니, 어쩌면 운이 좋았다고 말할 수 있습니다. 하지만 그 과정이 쉽지만은 않았습니다. 숫자에 감이 있다는 팀장님의 권유로 회계에 입문했지만, 비전공자이기 때문에 남들보다 두 배, 세 배의 노력이 필요했습니다. 직무 특성상 연차가 올라갈수록 숫자에 대한 기본적인 감보다는 탄탄한 기초 이론이 중요합니다. 튼튼하지 않은 모래성은 결국 무너질 수 있기에, 그렇게 되지 않으려고 기초공사를 몇 번이고 다시 했습니다. 전공자가 비전공자에 비해 유리한 건 바로 그 지점 같습니다. 이론이 탄탄하게 받쳐준다는 것. 그래서 저는 지금도 공부하는 마음으로 일을 하고 있습니다. 기초를 반복해서 공부하는 과정을 통해 성이 무너지지 않도록 보수공사를 하는 거라고 볼 수 있습니다.

또 하나의 비결은 좋은 동료·선배·후배와 함께 일을 했다는 겁니다. 회계팀은 타부서를 가르치고 감시하는 역할이기도 하기 때문에, 대부분 회사에서 친구를 사귀기가 어렵습니다. 그렇다 보니 회계팀은 내부에서 끈끈한 전우애를 자랑하게 되었습니다. 통장 시재를 못 맞추는 후배를 위해 함께 야근을 하고 함께 술 마시며 보냈던 수많은 시간은 소중한 추억으로 남아있습니다. 그리고 연말 송년회 자리에서 모두 영업부서의 공만 칭찬할 때 우리는 늘 구석 자리에 앉아 서로 고생했다며 토닥이고는 했습니다. 조직에서 가장 보상이 약한 부서가 회계팀이 아닐까 생각합니다.

하지만 이런 저에게도 직장생활을 하면서 가장 어려웠던 일이 있습니다. 바로 영업부서 직원들과 매출에 대해 이야기할 때입니다. '회계는 어렵다', '하기 싫다'라는 인식이 우리 사이를 늘 갈라놓지만, 사실 회계는 직장인이라면 꼭 알아야 하는 분야입니다. 물론 회계팀처럼 모든 회계를 다 알아야 한다는 건 아닙니다. 하지만 영업부서라면 매출을 계산할 줄 알아야 하고, 부서장이라면 지금 하고 있는 프로젝트가 얼마의 영업이익을 내는지 알아야 합니다. 또 사장님이라면 회사의 손익이 제대로 집계되고 있는지를 파악하고, 현재를 바탕으로 미래가치를 볼 줄 알아야 회사의 더 나은 미래를 설계할 수 있습니다.

회계는 회계팀만의 언어가 아닙니다. 하지만 다들 내 본업이 아니니 몰라도 된다고 생각합니다. 어렵다는 이유 때문입니다. 그렇다면 좀 더 쉽게 설명할 수는 없을까, 더 재미있게 다가가게 할 수는 없을까, 유식하게 어려운 용어로 설명하지 말고, 누구나 쉽게 알아들을 수 있게 설명을 해보자, 라는 생각으로 글을 쓰게 되었습니다.

글을 쓰면서 오랜만에 신입사원 시절로 돌아가는 듯한 기분을 느꼈습니다. 나는 그때 어떤 게 어려웠나, 내가 했던 실수는 무엇인가, 실수를 통해서 나는 무엇을 배웠나, 결국 나를 성장시킨 원동력은 무엇일까. 물음표를 던지면서 그 시절의 저를 소환했습니다. 새록새록 그때의 추억이 떠오르면서 드는 이상한 기분에 사로잡히기도 했습니다.

요즘 친구들에게는 옛날 일일수도 있고, 선배들에게는 "라떼는 다 그랬어"라고 생각되는 별일이 아닐 수도 있습니다. 하지만 누군가에게는 공감하고 도움이 되는 일이 될 수도 있겠죠. 어쩌면 소수의 그 누군가를 위한 책이 될 수도 있을 거라 생각합니다. 이 책이 나아가려는 사람들에게 도움이 되었으면 좋겠습니다. 19년 차 회계 팀장도 꼬맹이 시절에는 이런 실수를 했다, 안심할 수 있으면 좋겠습니다. 비전공자도 회계 팀장이 될 수 있다, 희망을 가졌으면 좋겠습니다.

누구에게나 어려운 시절은 있고, 꽃도 피는 시기도 다 다릅니다. 이 책을 읽는 누군가는 이제 시작일 수도, 새로운 시작점에 선 사람일 수도 있습니다. 모두의 시작을 응원하며 그 과정이 행복하기를 진심으로 바랍니다.

고윤아

차례

PART 2

숫자의 비밀 1
〈회계 외계어 이야기〉

PART 3

숫자의 비밀 2

〈회계 속 회계 이야기〉

PART 4

숫자의 비밀 3

〈생활 속 회계 이야기〉

PART 5
회계팀의 비밀
〈회계 속 회계팀 이야기〉

나는 왜 회계를
좋아하게 됐을까?
⟨회계 속 나의 이야기⟩

01 / 내가 회계를 좋아하는 이유

나는 19년째 숫자에 빠져있다. 2006년 3월, 파견직 사무보조로 첫 직장에 들어왔고 숫자에 감이 있다는 당시 팀장님의 권유로 회계라는 직무를 만나게 됐다. 이후 그 매력에 푹 빠져서 지금도 헤어나오지 못하고 있는 중이다.

"어렵고 머리 아프고 복잡한 회계가 왜 좋아요?"
"잘 모르겠어요. 그냥 재미있어요."

일이 재미있다고 말하면 사람들은 머릿속에 물음표를 그리며 물어본다. 진심으로 좋아하는 것에는 특별한 이유가 없다고 했던가. 회계가 나에게 그렇다. 나는 회계가 좋다. 그냥 재미있다.

현재 나는 광고회사 회계팀에서 팀장으로 일하고 있다. 내게는 회계가 특별하다. 살면서 회계라는 분야를 직업으로 삼을 줄은 꿈에도 몰랐다. 부유하지는 않아도 평범한 가정환경이었던 우리 집은 IMF에 직격탄을 맞았다. 집안 살림은 어려워졌고, 삼 남매 중 둘째인 나는 자연스레 일찍 철이 들었다. 빨리 사회에 나가 돈을 벌고 싶었던 내가 선택한 직업은 카지노 딜러. 남들은 나를 드라마 〈올인〉 속 배우 송혜교를 꿈꾸는 철없는 아이로 생각했겠지만, 나는 아니었다. 관광 호황지인 제주도에서 딜러는 다른 직군에 비해서 돈을 많이 버는 직업임이 확실했고, 그렇게 나는 제주도로 대학교를 갔다. 운 좋게 졸업도 하기 전에 5성급 호텔에 취업하게 됐지만 수직적이고 보수적인 호텔 문화를 견디기가 버거웠다. 그곳에는 내가 생각한 밝은 미래가 없었다. 그렇게 현실과 이상의 큰 차이를 피부로 느끼고는 뒤도 안 돌아보고 제주도 생활을 청산했다. 다시 서울에 돌아왔고, 할 수 있는 일에 대해 고민했다.

이 모든 과정이 운명이었을까? 서울에 돌아오자 마자 바로 사원증을 목에 걸었다. 남들과 똑같은 시간에 광화문 빌딩 사이를 누비며 출퇴근을 했던 나의 첫 직장. 면접을 보고 이틀 만에 합격 통보를 받았다. 계약기간이 1년인 시한부 직장이었지만, 그 당시의 나는 그런 건 개의치 않았다. 그렇게 나는 40명 규모의 작은 광고회사 경영지원팀에 소속됐다.

영수증에 풀을 칠하고 종이에 붙인다. 우편물을 분류해서 자리에

16

올려놓는다. 커피와 차를 휴게실에 채워놓고, 복사기에 A4용지가 떨어지면 채워 넣는다. 그러다 복사기가 말썽을 부리면 발로 탕탕 차서 고치기도 한다. 드라마 〈나의 아저씨〉의 극중 인물 이지안(이지은)이 하던 일이다. 내게 주어진 업무도 이와 비슷했다. 사무보조직의 업무 분장은 간단했다. 명확한 담당자가 없는 일은 모두 내 담당이었다. 화분에 물을 주고, 회의실을 청소하는 일 등 온갖 잡다한 일을 도맡았다. 어차피 나는 파견직이고, 1년 후 퇴사할 예정이었기에 업무에 대해 크게 기대도 불만도 없었다. 그러다 일손이 부족한 선배의 일을 도와 회계전표를 입력하는 일을 배우게 되었는데, 회계전표를 입력하려면 회계에 대한 기본 지식이 필요했다. 선배에게 속성으로 차변과 대변, 거래의 8요소, 비용과 회계 계정을 배웠다. 생소한 회계 용어는 내게 큰 세계로 다가왔다. 선배는 내가 방금 친 이 하찮은 회계전표도 회사의 재무제표를 만들어낸다고 가르쳐줬다. '재무제표?' 전문적인 용어에 내가 숟가락을 얹었다는 사실에 자부심이 밀려왔다. 겨우 전표 몇 개 가지고 자부심까지 느끼다니, 패기 있는 신입사원만이 할 수 있는 생각이었다. 하지만 그때의 나는 작은일 하나까지도 그런 마음을 느꼈다. 자연스럽게 숫자에 진심이 더해졌을 것이다. 그 모습을 지켜보시던 팀장님이 정규직 전환과 함께 회계업무를 권하셨다.

회계의 매력은 정확함이다. 엑셀에서 TRUE가 나와야 식이 성립하는 것처럼, 회계 프로그램도 마찬가지다. 전표를 입력할 때 1원이라도 맞지 않으면 저장을 할 수 없다. 시소와 같이 좌우 균형이 맞아야 한다. 시소는 한쪽이 올라가면 한쪽이 내려가는 게 당연한 이치다. 거래의 8요소가 그렇다. 차변에서 자산이 증가하면 대변에서 자산이 감소한다. 대변에서 부채가 증가하면 차변에서 부채가 감소한다. 그걸 숫자로 표현하면 시소가 평행을 이루고 있는 것과 같다. 차변에 입력한 숫자가 100이면 대변에 입력한 숫자가 100이어야 저장을 할 수 있다. 그렇게 저장한 전표의 숫자가 모여 재무제표를 만드는 것이다. 유레카! 이렇게 매력적인 일이 있다고? 나는 점차 회계의 매력에 빠지기 시작했다.

시작할 때만 해도 몰랐다. 회계의 '회'자도 모르는 내가, 회계팀에서 이렇게 성장하게 될 줄은…. 시키는 대로만 하던 일에 스스로 느끼는 궁금증이 늘어갔다. 궁금하다는 것은 관심이 있다는 거고, 관심이 있다는 것은 계속 알고 싶다는 것이다. 나는 늘 회계가 궁금했다.

02

비전공자에서
회계 팀장이 되다

"윤아 씨, 회계 배워볼 생각 없어요?"

"네?"

뜬금없는 팀장님의 말씀에 나는 토끼눈을 하며 물었다. '갑자기? 내가 회계를?' 나는 그때 바쁜 선배의 일을 도와서 회계전표 치는 일을 거들고 있었다. 일이 손에 익으면서 재미있다는 생각을 하던 찰나에 팀장님이 이런 말씀을 하신 것이다.

"일하는 거 보니까 숫자에 대해 감이 있는 것 같더라고. 윤아 씨가 한다고 하면 내가 TO 한번 만들어볼게. 생각해 봐요."

살면서 기회라는 것은 그렇게 많이 찾아오는 것이 아니다. 나는 그녀의 말이 끝나자마자 대답했다.

"네! 해보겠습니다. 저 잘 할 수 있어요!"

회계와 나의 인연은 이렇게 시작됐다. 1년 파견직의 사무보조로 입사해서, TO에도 없던 경영지원팀 막내가 되어 업무를 배우기 시작했다. 지금 생각하면 팀장님의 은혜로 내 인생의 방향이 바뀌었다고 해도 틀린 말이 아니다. 회계는, 내가 세운 나의 인생 계획 속 선택지가 아니었으니까. 하지만 팀장님은 어떻게 알아보셨을까. 내가 일에 재미를 느끼고 있다는 것, 정답을 찾는 일이 성향에 맞는다는 것을 말이다. 내가 첫 직장에 입사했을 때가 2006년, 올해로 벌써 19년 차가 됐다. 스펙이 중요한 직군에서 아무것도 몰랐던 내가 한우물만 파서 여기까지 온 것이다. 어떻게 이런 일이 가능했는지 한마디로 정의하면 그것은 즐거움이다. 나는 정말 지금 하고 있는 일을 좋아한다.

내가 이곳에서 자아실현을 할 수 있었던 이유는 산 넘어 산이 생길 때마다 포기하지 않고 고개를 넘었기 때문이다. 나는 회사에서 유일무이하게 파견직으로 시작한 직원이다. 파견직은 회사의 소속이 아니다. 정규직이 아니라는 점에서 계약직과 동일해 보일 수 있지만, 계약직은 회사의 소속이라 그 소속감이 다르다. 결과적으로 난 정규직이 된 시점부터 회사 소속이 되다 보니, 같은 시기에 정규직으로 입사한 친구와 연차 차이가 벌어졌고, 학사와 전문학사의 차이에 비정규직이라는 결점까지 추가되어 승진에서 점점 멀어졌다. 가장 자존심이 상했던 일은 나보다 늦게 입사한 후배가 먼저 승진해서 상사가 되었던 일이다. 사회에서의 당연한 결과였지만 마음이 괜찮지만은 않았다. 그때 자존심에 박차고 나갔다면 나는 콤플렉스를 이기지 못하고 어디서든 그만한 대접을 받으며 직장생활을 하고 있게 되었을지도 모른다. 하지만 나는 일을 선택했다. 당시의 나는 더 배우고 성장할 수 있는 기회를 놓치는 것은 바보 같은 짓이라고 생각했다.

물론 비전공자가 회계팀에서 일할 수 없는 것은 아니다. 회계, 재무 직무는 어느 회사에서든 꼭 있어야 하는 업무다. 실제로 구직사이트를 보면 채용하는 숫자가 가장 많고, 그 높은 수요만큼 취업을 희망하는 구직자도 많다. 그래서 졸업 후 자격증 공부에 매진한 노력형 지원자도 적지 않다. 하지만 일을 해보면 알게 된다. 내가 회계를 전공한 지원자에 비해 무엇이 부족한지를. 막상 실무를 할 때는 크게 드러나지 않지만, 높은 직급으로 성장하기 위해서는 무엇보다 탄탄한 이론이 필요하다. 4년 동안 경제, 회계 등의 다양한 이론공부를 한 사람과 실무로 회계를 배운 사람의 출발선상이 같을 수가 없는 것이다. 그래서 비전공자는 전공자에 비해 더 많은 노력이 필요한 것이 사실이다.

중소기업 회계팀은 회계에서 세무까지, 아니 그냥 숫자와 관련된 일은 다 회계팀의 몫이 된다. 중소기업에 다니면 대기업에 비해 업무 스펙트럼이 좁다는 편견이 있는데 그건 모든 회사에 똑같이 적용되는 것은 아니다. 대기업보다 숫자의 단위는 작을 수 있지만, 이런 이유로 생각보다 많은 업무를 배울 수 있다는 장점이 있다. 그리고 중소기업은 위기가 많다. 큰일부터 작은 일까지 위기를 마주하다보면 한 걸음 더 성장한 나를 만날 수 있다.

차변과 대변도 모르고 시작했던 내가, 지금은 회계 팀장이 됐다. 회계 이론은 끝이 없다. 배우고자 마음먹으면 배울 수 있는 것들이 무궁무진하다. 내가 지금까지 수많은 난관에도 일을 그만두지 않고 계속 할 수 있었던 이유다.

직업을 선택할 때 사람들이 이런 고민을 한다. 좋아하는 일을 해야 하는가, 잘 하는 일을 해야 하는가. 혹은 좋아하는 일은 직업으로 선택해서는 안 된다고 말하는 이들도 있다. 직업은 그야말로 하나의 돈벌이 수단이기 때문에 지치고 힘들어질 수 있기 때문이다. 하지만 나는 그 말에 동의하지 않는다. 좋아하는 일을 하면서 돈까지 벌 수 있다면 이보다 더 좋은 일이 있을까. 그런 생각의 연장선상에서 좋아하는 일을 직업으로 하고 있는 사람이 몇 명이나 될까 생각을 하게 된다. 나는 정말 행복한 사람이다.

知之者不如好之者 好之者不如樂之者(지지자불여호지자 호지자불여낙지자):
아는 것은 좋아하는 것만 못하고 좋아하는 것은 즐기는 것만 못하다. 〈공자〉

회계는
왜 배워야 하나요?

얼마 전 지인이 아파트를 매도해야 하는데 적지 않은 양도세를 부담해야 한다고 토로한 적이 있다. 전후 상황을 들어보니, 잘하면 양도세를 내지 않을 방법이 있을 것 같았다. 누구보다 열심히 산 지인이기에 두 팔을 걷어붙이고 방법을 알아봐줬다. 일단 변경된 세법을 확인하고, 그 내용을 바탕으로 세무 상담을 받았다. 마지막으로 국세청 콜센터에 전화해서 최종 확인을 했다. 그렇게 결과적으로 적지 않은 양도세를 아낀 적이 있다. 만약 아무것도 모르고 신고를 했다면 내지 않아도 될 세금을 내야 했을 것이다.

"회계 어렵지 않아요? 전 어려워서 싫어요."
"회계팀이면 회사에서 되게 무섭겠다."

"학교 다닐 때 수학 잘 했어요?"
"총무는 윤아 씨가 하면 되겠다."

회계팀에서 일한다고 하면 가장 많이 듣는 말이다. 회계는 수학·재미없음·어려움으로 통한다. 사람들이 회계에 대해 가지고 있는 대표적인 오해와 편견이다. 물론 나도 그랬다. 학창 시절에 수포자였던 내가 회계에 입문하게 될 줄 상상이나 했던가. 그때만 해도 회계는 수학이라는 공식을 머릿속에 가지고 있었고 실제로 여전히 많은 사람들이 그렇게 생각하고 있다. 그럴 때마다 나는 이렇게 대답한다.

"회계 어렵지 않아요. 알고 보면 꽤 재미있어요. 그리고 저 무서운 사람 아니에요."

많은 직장인들이 물음표를 던진다. '회계는 왜 배워야 하나?', '배우면 좋을까?', '배우면 어디에 써먹을 수 있을까?', '나는 재무팀이 아닌데 왜 회계를 알아야 하는 거지?' 하지만 요즘은 신입사원 기본 교육에 회계 과정을 추가하는 기업이 늘고 있다. 그만큼 회계의 중요성에 대해 인지하기 시작했다는 뜻이 아닐까. 재무회계, 세무회계, 관리회계, 원가회계 등 회계에도 종류가 많다. 모든 회계를 우리가 다 알아야 할 필요는 없다. 이중 우리 생활에 가장 많이 쓰는 세무와 재무 정도만 알아둬도 평생을 요긴하게 써먹을 수 있다.

우리 회사에서도 매월 직원들을 대상으로 회계 교육을 시행하고 있다. 매출에서 비용을 빼면 매출이익이 된다는 계산식은 누구든 할 수 있다. 이건 덧셈과 뺄셈만 알아도 가능하다. [10-5=5]라는 등식은 초등학생도 안다. 하지만 이 등식을 매출이 10이고, 비용이 5라고 바꿔 말한다면 일단 뇌가 정지되는 느낌이다. 회계는 어렵다는 생각이 이 간단한 계산도 하지 못하게 사고를 방해한다. 더 슬픈 사실은, 회사원 중에서 매출과 비용의 차이점을 제대로 구분하지 못하는 사람도 많다는 것이다. 차이를 알고 있다 하더라도, 실전에 돌입하면 생각보다 많은 사람들의 눈동자가 흔들리는 것이 현실이다.

한동안 "회계를 모르면 승진할 자격이 없다"고 외치던 책이 베스트셀러에 오래 머물렀다. 그만큼 사회에서 회계는 필수 역량이 되고 있다. 매출과 밀접한 연관이 있는 영업직은 물론이고 타 직군에서도 높은 자리에 올라가려면 회계가 필요하다고 생각한다. 높은 자리일수록 회사의 실적에 자유로울 수 없고 시장 상황과 회사의 미래를 읽고 다루는 데 회계를 알면 더 유리해진다. 그리고 자영업이나 회사를 경영하는 사장님은 어떤가. 물론 실무는 직원이 하고, 세금은 세무대리인을 통해서 할 수 있다지만 내가 알고 시키는 것과 모르고 시키는 것은 차이가 크다.

요즘 이름만 대면 알만한 회사에서도 재무 팀장이 돈을 횡령했다는 뉴스를 종종 접한다. 얼마 전 터진 ○○은행의 횡령 뉴스만 봐도 그렇다. 규모가 큰 은행인데도 어느 정도의 허점이 있기에 몇 백억 원을 횡령하도록 모를 수가 있을까 하는 의문이 든다. 그리고 회계는 실생활에도 유용하다. 아파트를 팔 때 양도세는 얼마인지, 나라에서 주는 각종 지원금의 대상에 내가 포함되는지, 어떻게 하면 합법적으로 절세를 할 수 있는지 알고 대응하는 것과 모르고 대응하는 것은 차이가 크다. 아는 사람만이, 눈뜨고 코 베어가는 세상에서 내 것을 챙길 수 있다.

회계는 돈, 곧 숫자로 연상된다. 하지만 돈이라면 좋아하는 사람들도 회계는 어렵고 싫어한다. 왜일까? 조금만 알아도 실생활에 직접적으로 도움이 되는 회계, 어렵다는 인식을 버리고 생활 속에서의 회계부터 하나둘씩 알아 가면 좋지 않을까. 회계는 그저 숫자로 표현되어 읽히는 학문일 뿐이고, 그 숫자에는 많은 의미가 담겨있다. 우리 조금만 더 마음을 열고 회계를 배워보자.

04 / 회계팀은 무슨 일을 하나요?

다음 중 회계팀이 하는 일은 무엇일까요?

① 매출을 관리한다.

② 자금을 관리하고 집행한다.

③ 세금 신고를 한다.

④ 재무 보고서를 만든다.

⑤ 예산을 통제하고 관리한다.

⑥ 경비정산을 잘 못하는 직원들을 혼낸다.

정답은? 모두 O다. 가끔 이런 질문을 받는다.

"회계팀은 무슨 일을 하나요?"

이 직군에서 19년을 일했지만 나는 아직도 이 질문이 가장 어렵다. 과거에는 단순히 경리라고 불렀지만, 지금은 회계팀만큼 이름이 다양한 부서도 드물다. 회계팀, 재무팀, 재경팀, 관리팀, 지원팀, 세무팀, 자금팀 등 이름은 다르지만 하는 일은 통한다. 회계는 넓은 의미의 업무를 담고 있다. 그만큼 회계의 세계는 무궁무진하다.

하지만 많은 사람들은 회계업무를 생각하면 매출정산을 하고 세금계산서를 발행하는 정도의 업무를 떠올린다. 하지만 그건 예전에 흔히 경리라고 불리던 시절 이야기. 나름 회계 용어를 써가면서 회계팀이 하는 일을 설명해주면 어렵다고 외면하며, 상대방 눈의 초점이 흐려지는 것을 여러 번 경험했다. 사실 회계팀이 하는 일을 대표이사도 제대로 이해하지 못하는 회사가 많다. 그래서 나는 구구절절 멋있게 설명하기를 포기하고 그냥 한마디로 답한다.

"회사 살림해요."

회사에서 돈을 버는 부서는 영업부서다. 그리고 그 돈을 관리하는 부서가 회계팀이다. 돈은 많이 버는 것도 중요하지만, 어떻게 쓰느냐도 중요하다(앞으로 여러 번 강조할 이야기다). 결국 그 중요한 일을 하는 부서가 바로 회계팀인 것이다. 돈을 관리한다는 건 여러 가지 업무가 수반되는 것을 의미한다. 수입을 파악해야 하고, 지출을 통제해야 하고, 미래를 위한 투자도 필요하다. 돈을 벌었으니 나라에 세금을 내고, 구성원에게 보상을 하고, 더 나은 의사결정을 위해 이 모든 일을 기록한다.

매출을 관리하기 위해 가계부를 쓰고, 미래를 위해 저축하고, 재산을 불리기 위해 투자를 한다. 아이에게 용돈을 주듯이, 구성원에게 적절한 보상 또한 잊으면 안 된다. 마치 가정의 모습과 비슷하다. 아이를 위해 부모로서의 역할을 다하는 것처럼, 회계팀은 회사의 성장을 위해 애지중지 양육하고 있다. 평소에는 티가 나지 않지만 며칠 동안 어른의 부재가 있을 경우 바로 티가 난다. 집이 어질러지고 아이는 생계를 위해 가벼운 음식으로 끼니를 대체하게 된다. 회사 내 회계팀도 비슷하다. 평소에 성과가 뚜렷하게 보이는 일은 아니지만 없으면 큰일 나는 일, 누군가는 해야 하는 일, 아니 꼭 필요한 일인 것이다. 그러니 이 직군에서는 어느 정도의 희생과 보람은 필수다.

회사는 현재만 중요한 게 아니다. 회사의 가치는 앞으로 사업을 계속 지속할 수 있는지에 달려있다. 그만큼 미래가치가 중요하다. 그걸 준비하고 대비하는 것도 회계팀이다. 지금 잘 굴러가고 있는 회사가 내년 혹은 10년 후에도 잘 유지되게 하려면 사업의 시장성을 판단하고 분석하는 혜안이 필요한 것이다. 제대로 된 회계 정보를 제공해야만 경영진이 올바른 의사결정을 할 수 있다.

이렇게 설명하니 꽤 멋진 일이다. 그러니 자부심을 가져도 된다. 어느 회사나 회계팀은 다 있고, 구직사이트에서 재무회계 직군이 가장 많은 비중을 차지한다고 만만하게 봐서는 안 된다. 우리는 정말 중요하고 가치 있는 일을 하고 있다. 스스로 어깨를 토닥여주자.

05 / 자격증은 양념이다

"올해 고과 목표는 자격증으로 하면 어떨까?"

"자격증이요?"

"재경관리사나 회계관리 1급 정도? 이 정도는 할 수 있지 않겠어?"

"공부가 어려운 건 아니지만…."

연초에 목표 면담을 하는데 팀장님이 말씀하셨다. 대답하는 나의 말끝이 흐려진다. 전보다 열정이 사라진 거 아니냐고? 당시의 내 상황을 한마디로 표현하자면, 그야말로 대환장파티였다. 이제 본인의 눈높이에서 세상을 바라보기 시작한 3살 아이는 가장 손이 많이 갈 때고, 회사에서는 대리로 막 승진했을 때였다.

대리는 회사에서 많은 일을 하면서도 중간자의 입장에서 이래저래 치이는 위치로, 이제 신입사원 티는 벗었지만 아직 모든 업무들을 섭렵하지는 못한 상태이고, 해야 될 일은 밀려들지만 베테랑처럼 깔끔하게 해결하지는 못하고, 사원급이 뭔가를 잘못하면 또 불려가서 같이 혼나기도 하는 고달프고 어중간한 위치에 있는 직급이다. 대리를 그냥 대리라고 부르는 것이 아니다. 다방면으로 움직여야하고, 위아래 업무를 대리해야 하는 직급이 대리다. 이런 상황에 자격증이라는 미션이 부담될 거라는 것은 겪지 않아도 불 보듯 뻔한 일이었다. 하지만 팀장님의 미션은 늘 생각이 있다. 합격만 하면 높은 고과점수와 백화점 상품권을 약속했다. 거부할 수 없는 미션에 나는 바로 학원을 등록했다.

목표는 '회계관리 1급'으로 설정했다. 삼일회계법인에서 인증하는 자격증이 난이도는 있지만 직무에서 알아주는 자격증이고, '재경관리사-회계관리 1급-회계관리 2급' 순으로 난이도가 나뉘는데 나는 1급을 보기로 했다. 합격률이 높지는 않지만 지금까지 실무로 접해보지 않은 세무를 공부할 수 있으니 이 기회에 업무 역량을 높일 수 있을 거라고 생각했다.

바로 학원에 등록했다. 수업은 주 2회, 3시간, 3개월. 직장인이 퇴근하고 학원을 다닌다는 것은 보통 의지가 아니고는 힘든 일이다. 수업이 끝나고 집에 가면 11시, 씻고 집안일 하면 12시를 훌쩍 넘기는 건 기본이다. 더욱이 아이가 3살이다. 회사에 엄마를 뺏기는 것도 모자라 학원수업까지 받는다니, 아이 입장에서도 억울할 것이다. 하지만 달리 생각하면 고작 3개월이었다. 한번 해보자라는 마음으로 도전했다.

그때만해도 이력서에 자격증이 도배되는 시대는 아니었다. 하지만 지금은 자격증에 목을 매는 시대가 됐다. 취업이 어려워져서 그런 걸까. 지원자의 이력서에 수십 개의 자격증이 나열되어 있는걸 보면 대단하기도 하고 안쓰럽기도 하다. 구직자들은 이력서에 자격증이 빼곡하면 유리할꺼라고 생각했겠지만 현실은 그렇지 않다는 걸 알고 있을까. 물론 한 줄의 자격증도 없는 지원자와 비교하면 유리한 위치에 있는 것은 사실이지만, 기대보다 자격증이 합격에 큰 영향을 주지는 않는다.

'정말 열심히 살았구나. 성실하겠다. 어려웠을 텐데 공부 열심히 했네.' 이력서를 보며 이런 생각을 한다. 경우에 따라서 직무 관련 자격증은 가산점을 받을 수도 있다. 하지만 거기까지! 자격증은 실력을 대변해주지 않는다. 자격증으로 기본 지식은 갖추었다는 증거가 될 수 있지만 그 일을 잘한다는 확신까지 제시하지는 못한다.

당시 나는 시험을 본다고 동네방네 소문을 내는 바람에 공부를 열심히 할 수밖에 없었다. 고과점수와 백화점 상품권도 동기부여가 확실히 됐다. 팀장님의 그런 전략은 제대로 먹혔고, 턱걸이로 자격증을 취득할 수 있었다. 내가 암기과목에 취약해서였을까, 아니면 비전공자라서 그랬을까. 처음 접하는 세무과목이 정말 어려웠던 걸로 기억한다. 그래서 자격증을 공부하느라 힘들었던 3개월이 유난히 더 소중한 경험으로 남아있다.

한 줄의 자격증보다 중요한 건 한 번의 확실한 경험이라고 생각한다. 자격증보다 가치 있는 경험이, 살아온 이야기가 면접관의 마음을 사로잡을 때가 있다. 회계팀에 입사하고 싶은 직원이라면 직무에 상관없는 자격증보다는 회계 관련 인턴 사원이나 마트 계산 업무를 하면서 얻은 교훈이 가산점을 받기에 훨씬 더 좋다. 자격증만 따느라 아까운 청춘을 방에서 낭비하지 말자. 경력이 되는 경험을 쌓아라.

06 / 회계 공부, 어떻게 시작하나요?

"회계 공부, 어떻게 해야 하나요?"

회사에서 영업부서를 대상으로 회계 교육을 할 때가 있는데 가끔 반짝거리는 눈빛으로 이런 기특한 질문을 하는 직원이 있다. 직장생활에서 회계가 필요하다는 것을 아는, 아주 크게 될 친구들이다. 비전공자인 나는 회계 팀장이 되기까지 회계 공부를 어떻게 했을까. 공부 방법은 뻔하다. 자격증, 강의, 책! 때로는 뻔한 것이 정공법이 될 수 있다. 그래서 나는 그런 친구들에게 내가 했던 방법을 추천했다.

1. 자격증을 따자.

목표가 있다는 건 강제적인 의지를 수반한다. 회계 자격증은 정말 많다. 난이도에 따라, 인증기관에 따라, 회계 종류에 따라 나뉜다. 초보자여, 이왕이면 이력서 한 줄이라도 인정받는 자격증을 따서 채우자.

- 추천 자격증

	난이도	인증 회사
재경관리사	★★★★★	삼일회계법인
회계관리 1급	★★★	삼일회계법인
회계관리 2급	★★	삼일회계법인
IFRS관리사	★★★★★	(사)한국CFO협회
전산세무회계	★★★★★	한국세무사회
세무회계 1급	★★★★★	한국세무사회

2. 회계 강의를 듣자.

이 방법은 자격증과 연결되는 방법이다. 자격증을 공부할 때 독학을 하는 사람도 있지만 초보자에게는 여간 어려운 일이 아니다. 답안지를 보면 '아하' 하고 이해할 수 있지만, 숫자를 바꿔서 풀어보면 다시 처음 만나는 문제가 된다. 그래서 되도록 강의를 듣는 것을 추천한다. 자격증도 결국 문제풀이다. 강의를 듣고 교재에 있는 문제만 잘 풀어도 어렵지 않게 자격증을 획득할 수 있다. 온라인과 오프라인은 개인의 공부 방법에 맞게 선택하면 된다.

아이파경영아카데미	CFO아카데미	삼일회계법인

3. 책을 읽자. 회계 도서는 생각보다 많다.

한 때 회계 분야에 H** 시리즈가 유행했었다. 그 책의 장점은 초보자도 이해하기 쉽게 썼다는 것이다. 지금도 회계 관련 도서가 쏟아지고 있지만, 초보자도 알 수 있게 쉽게 설명한 책은 드물다. 그래서 나도 신입사원 때 H** 시리즈를 읽고 도움을 많이 받았다. 한 분야를 제대로 공부하려면, 관련 도서를 10권을 사서 그 10권을 모두 읽으라던 어느 유튜브 속 조언이 생각난다.

전문 도서의 경우 기본 이론이 50%, 작가의 생각이 30%, 어려운 이론이 20% 정도 들어있다고 한다. 기본 이론이 어느 책이든 50%씩 들어간다고 가정한다면, 10권을 이론을 반복하는 효과를 준다. 이렇게 읽으면 머릿속에 안 들어올 수가 없겠지. 무식한 것 같지만 정답이다. 처음에는 이해가 안 가겠지만 계속 읽다보면 어느덧 암기하는 자신을 발견할 것이다.

4. 회사 회계팀 직원에게 커피를 산다.

현직에 종사하는 사람만큼 경쟁력이 강한 사람도 없다. 자격증도, 책도, 온라인 강의도 너무 어렵고 시간이 없다면 가장 쉬운 방법은 인간관계를 활용하는 것이다. 이 분야에 대해 잘 모른다고, 가르쳐달라고 말하는 사람을 외면하는 사람이 있을까. 회사는 여러 사람이 함께 공생하는 곳이다. 인간적으로 접근하면 진심은 통할 것이다. 모르는 건 죄가 아니다. 모르면서 아는 척 자존심 세우지 말고 그냥 솔직하게 물어보자. 유명한 일타 강사보다 실무에서만 알 수 있는 팁을 쉽고 재미있게 배울 수 있다.

숫자의 비밀 1
〈회계 외계어 이야기〉

회사의 성적표는
곧 나의 성적표 :
재무제표

📕 **회계 외계어 바로 알기**

재무제표: 기업의 재무상태와 경영성과를 회계기준에 따라 보여주는 보고서로 재무상태표, 손익계산서, 현금흐름표, 자본변동표, 주석이 있다.

코로나로 인해 사람들의 발목이 묶이기 전까지 매년 오프라인 교육을 찾아 들었다. 지금은 개인 시간을 중요하게 생각하기 때문에 서로에 대해 밀접하게 알지 못하는 것이 당연하지만, 몇 년 전만 해도 서로 통성명을 하고 점심을 함께 먹으면서 친목을 다지는 것이 자연스러웠다. 회계업무는 보수적인데다 외근이 없는 특징때문에 같은 직무를 하는 사람을 만날 기회가 별로 없다. 그래서 외부교육이 유일하게 타 회사의 공통 직군 사람들과 만나 서로의 이야기를 나눌 수 있는 시간이었다.

타고난 천성이 내성적인 나에게 처음 보는 사람과 이야기를 나누고 함께 밥을 먹는 것은 쉽지 않은 일이었다. 하지만 그것보다 나를 더 힘들게 했던 것은 바로 자기소개다. '에이, 아무리 내성적이라고 해도 직장생활이 몇 년 찬데 자기소개가 어렵다고?' 자기소개라는 말을 듣고 말 그대로 머릿속에서 나를 소개하는 것을 떠올렸다면 이렇게 생각할 수 있다. 하지만 사회에서 자기소개는 곧 회사를 소개하는 것과 같다.

"안녕하세요. ○○○에서 온 △△△입니다."

첫인사는 이렇게 시작한다. 하지만 관객의 반응은 여전히 물음표다. 그들은 나에게 눈빛으로 이렇게 묻고 있다. '그래서 뭐하는 회사에요?' 사회에서 회사의 이름은 내 명함과 같다. 사회에서는 내가 사는 곳, 다닌 학교, 나이가 중요하지 않다. 그런 질문은 회사 소개 이후에 따라오는 부수적인 질문이다. 사회는 내가 소속되어 있는 직장의 이름으로 나를 판단하기도 한다. 이름만 들어도 알만한 대기업은 굳이 내가 부수적인 설명을 덧붙이지 않아도 되지만, 나처럼 중소기업에 다닌다면 얘기는 조금 달라진다. 이름만으로는 정보가 충분하지 않으니 부연 설명이 필요하다.

"업종이 뭐예요? 매출액은 얼마나 돼요? 인원은 몇 명이에요?"

이어서 말하려는데 성격 급한 사람들의 질문이 이어진다. 회계팀 종사자에게 회사의 매출액은 자존심과 같다. 매출액의 규모로 회사의 규모를 판단할 뿐 아니라 내 업무 역량까지 파악할 수 있기 때문이다. 매출액이 높지 않은 중소기업에 다니는 나는 이 시간이 정말 싫었다. 마치 내가 별 볼 일 없는 회사에 다닌다는 것을 확인하는 시간인 것 같았다. 어쩌면 참석자 중에서 내가 가장 작은 규모의 중소기업에 다니고 있다는 것을 들키고 싶지 않은 자격지심이었을지도 모르겠다.

회계팀 사람들에게 회사의 재무제표는 곧 나의 명함이 된다. 재무제표가 무엇이기에 회계팀 사람들의 어깨를 으쓱하게 하기도, 움츠려들게 하기도 하는 걸까? 회사가 돈을 많이 버는지, 가지고 있는 돈이 얼마나 있는지, 뭐하는 회사인지, 직원이 몇 명이나 되는지 이 모든 정보는 재무제표라는 것에서 출발한다.

재무제표는 회사의 모든 것을 숫자로 표현한 보고서를 말한다. 회사가 얼마의 재산을 가지고 있는지를 보여주는 재무상태표, 회사가 얼마를 벌었는지를 보여주는 손익계산서, 회사가 보유하고 있는 현금의 입출금 현황을 보여주는 현금흐름표, 회사가 그동안 벌어들인 수익을 어떻게 썼는지 보여주는 자본변동표, 숫자로 나타내기 부족한

정보를 알 수 있는 주석, 이렇게 다섯 가지가 있다. 말하고자 하는 주제나 목적에 따라 표현방식을 달리 했을 뿐 궁극적으로 말하고자 하는 메시지는 동일하다.

재무제표는 누구를 위해, 어떤 목적으로 만들어지는 걸까?

이 회사와 거래를 하려는 거래처는 회사가 돈을 잘 지급할 능력이 있는지 보유현금과 부채현황을 파악할 것이고, 이 회사에 투자하려는 투자자는 회사가 앞으로 성장가치가 있는지 매출현황을 파악할 것이고, 이 회사에 입사하려는 구직자는 그동안 회사를 잘 꾸려 왔는지, 직원에게 투자를 잘하는지, 앞으로 성장가능성이 있는지를 확인할 것이다.

우리 회사는 이런 회사입니다.

기업을 법인이라고 부른다. 法人, 법 법, 사람 인을 쓴다. 다시 말해 법으로 만들어진 인격체라는 뜻이다. 그래서 재무제표는 기업의 성적표라고 할 수 있다. 이 재무제표를 누가 만드느냐 하면, 바로 회계팀이다.

실무 TIP

재무제표는 어디에서 확인할 수 있나요?

기업의 재무제표는, 시장에서 주식을 사고 파는 회사라면 아주 쉽게 확인할 수 있다. 검색 사이트에서 '다트 전자공시'를 열고 궁금한 회사의 이름을 검색해 보자. 예를 들어 '삼성전자'를 검색하면 회사가 주주에게 제공하는 수많은 재무자료를 확인할 수 있다. 그중 사업보고서를 열어 보자. (다트 전자공시시스템 https://dart.fss.or.kr/)

여기서 사업보고서는 회사의 재무상황이나 경영실적을 우리 같은 일반 투자자에게 공개하는 자료를 말한다. 상장기업은 매 분기마다 사업보고서를 제출하는데, 사업보고서 안에 재무제표가 포함되어 있다. 목차에 재무제표와 연결재무제표가 보인다. 연결재무제표는 그 회사에 종속되어 있는 모든 회사의 재무정보를 합한 자료를 말하고, 재무제표는 회사 단일의 재무정보를 말한다. 어떤 관점에서 보느냐에 따라 다르지만, 삼성전자에 투자하려고 한다면 연결재무제표를 보는 것이 좋다. 종속되어 있는 회사의 실적이 삼성전자 이익에도 영향을 미치니까. 연결재무제표를 열면 우리가 초반에 공부했던 '재무상태표'와 '손익계산서'를 확인할 수 있다.

2022년 '재무상태표'를 보면 자산 규모가 448조 원, 부채는 93조 원, 그렇다면 자본은 355조 원이 된다. 보유현금도 49조 원이나 되다니. 규모가 어마어마하다. '손익계산서'는 매출액이 얼마인지, 연간 이익이 어느 정도 규모인지를 확인할 수 있다. 22년 당기순이익을 보면 55조 원 규모의 이익이 난 것을 확인할 수 있다. 역시 대기업이다. 여기서 한 단계 더 점프하고 싶다면 주석까지 읽어보자. 그럼 퍼펙트!

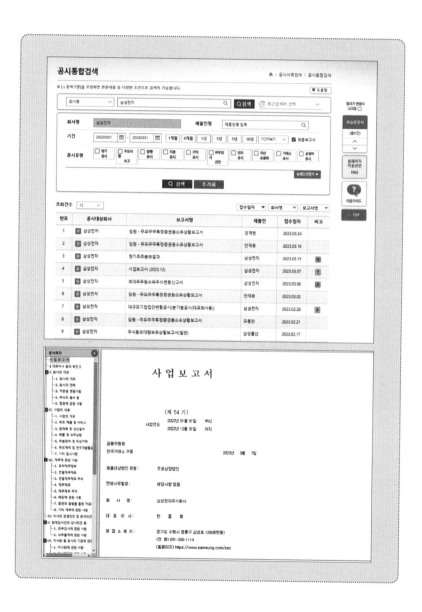

02

[자산=부채+자본]
공식 이해하기

📖 **회계 외계어 바로 알기**

자산: 개인이나 법인이 소유하고 있는 유형·무형의 유가치물
부채: 남에게 갚아야 할 재화나 용역
자본: 재화와 용역의 생산에 사용되는 자산. 기업에 투입된 총자본은 그 원천에 따라 타인자본인
부채와 자기자본으로 구분된다.

[자산=부채+자본]

회계를 시작하려면 가장 먼저 이 공식을 이해해야 한다. 모든 회계 처리를 움직이는 등식이다. 안 그래도 거부감이 드는 과목인데, 자산, 부채, 자본이라는 생소한 단어와 수학등식까지 결합되어 있으니 일단 이유도 없이 싫다. 하지만 회계에서는 이 공식을 영어 대문자 T로 표현한다. 왼쪽이 자산, 오른쪽이 부채+자본이다. 이렇게 그림으로 표현해 보면 한결 이해가 쉽다.

이 공식은 시가총액 400조 원이 넘는 삼성전자, 1000억 원의 매출액을 가진 우리 회사, 집 앞 편의점, 지하철역 앞에서 붕어빵을 파는 노점상 등 수익 활동을 하고 있는 모든 회사에 똑같이 적용되는 공식이다. 꼭 회사만 해당되는 것도 아니다. 개인에게도 적용할 수 있다.

1. 내가 문방구에서 지우개를 하나 샀다면, 지우개라는 자산이 생긴 반면, 값을 지불해야 하므로 부채가 생긴다.
2. 피부과에서 피부 관리를 받았다면 그만큼 외모에 대한 자산가치가 증가했을 것이고, 값을 지불해야 하므로 부채가 생긴다.

이렇듯 [자산=부채+자본]이라는 공식은 모든 분야에 적용된다. '어? 그런데 부채는 빚이 아닌가요? 자산이 부채로 이루어져 있다고요?' 누군가는 이렇게 질문할 수 있다. 하지만 공식에 숨어있는 자산, 부채, 자본의 개념을 이해하면 금방 수긍할 수 있게 된다.

자산은 내가 가진 재산을 말한다. 쉽게 말해 내가 가진 것 중에서 현금은 기본이고 자동차, 침대, 냉장고, 세탁기, TV 등을 팔아서 현금이 되는 것은 모두 자산에 속한다. 회사의 자산도 비슷하다. 현금, 정기예금, 거래처에게 받아야 할 돈(채권이나 미수금), 건물, 토지, 상품, 컴퓨터, 책상, 에어컨 등 회사집기, 자체 개발한 특허물, 상표, 투자한 주식까지 모두 자산이다. 자산이 많으면 많을수록 우리는 부자라고 부른다. 다시 말해 자산이 많은 회사는 곧 좋은 회사다.

자산 중에서도 당장 팔아서 돈이 되는 자산이 많아야 좋은 회사다. 그건 어떻게 확인할 수 있을까? 자산의 비중을 확인하면 된다. 자산은 당장 팔아서 현금을 만들 수 있는 유동자산과 현금화하려면 시간이 오래 걸리는 비유동 자산으로 구분한다. 현금, 정기예금, 받을 돈(매출채권, 미수금), 상품은 현금화가 쉬우므로 유동자산으로 분류되고, 건물, 땅(토지), 비품, 주식 등은 시간이 오래 걸리므로 비유동 자산으로 분류된다. 당연히 빠른 시간 내 현금화를 할 수 있는 유동자산의 비중이 높은 것이 좋다. 불필요한 비유동자산은 당장 처분하기가 어렵기 때문에 오히려 당장 현금이 필요할 때 경영을 마이너스로 만드는 길이 될 수 있다.

부채는 빚이다. 부채가 많은 회사는 조심해야 한다. 내 것이 아닌 것은 무조건 부채라고 생각하면 쉽다. 우리는 아파트를 사면서 은행의 힘을 빌린다. "화장실만 우리 거예요." 사람들이 가끔 농담 삼아 하는 이 말은 결코 틀린 말이 아니다. 부채로 취득한 자산은 온전히 내 것이 아니다. 내 돈이 아니므로 부채다. 우리가 화수분처럼 사용하는 신용카드도 부채다. 카드 회사의 돈을 빌려서 물건을 취득하고, 물건 값을 카드 회사에 상환해야한다. 상환을 하지 못하면 우리는 신용카드를 사용할 수 없다.

그럼 회사에서 부채는 뭐가 있을까? 대출금, 거래처에게 줘야할 돈(매입채무, 미지급금), 계약금 명목으로 미리 받아둔 선수금, 잠시 맡아 보관하지만 나중에 지급해야 할 예수금, 직원에게 지급해야 할 퇴직급여충당금이 있다. 부채가 많다는 건 빚이 많다는 것이다. 가진 것에 비해 부채가 많다면 가난하다고 말한다. 부채가 많은 회사는 좋은 회사가 아닐 가능성이 많다.

부채도 자산과 동일하게 빨리 갚아야 하는 부채는 유동부채, 천천히 갚아도 되는 것은 비유동부채로 구분한다. 다음 달에 갚아야 하는 신용카드 빚은 유동부채, 30년 후에 상환하면 되는 주택담보대출은 비유동부채가 되는 것이다. 부채가 많다는 것 자체는 좋은 시그널이 아니다. 자산과는 반대로 유동부채가 많으면 1년 내 지급해야 할 자금이 많다는 것으로 좋은 상황이 아닐 수 있다. 하지만 비유동부채는 장기적인 레버리지를 이용해서 내 자산을 증가시키는 결과를 만들 수 있다고 해석하기도 한다.

자본은 내 밑천, 내 종잣돈, 그동안 내가 벌어들인 돈을 말한다. 급여를 차곡차곡 모아서 10년 동안 1억 원을 모았다면 그것은 내 자본이 된다. 회계 공부를 할 수 있다는 자신감과 열정, 그것은 숫자로 환산할 수 없지만 내 성공을 위한 자본이다. 이처럼 자본은 이미 내 것, 상환할 필요가 없는 자금과 이익을 말한다. 그동안 내가 벌어들인 돈을 모아놓은 저금통이라고 생각하자.

회사에서 자본도 동일하다. 회사를 설립할 때 투자한 자본금, 그동안 벌어들인 이익이 자본에 해당된다. 자본이 높다는 건 기초가 튼튼함을 의미한다. 용돈을 10만 원 받는 사람과 100만 원 받는 사람의 재무제표가 같을 수는 없다. 가지고 있는 종잣돈이 많으면 기회가 그만큼 더 많으니까. 그리고 자본이 높다는 건 지금까지 사업을 잘 해왔다는 증거가 된다. 회사가 꾸준히 이익이었다면 자본이 계속 증가했을 것이고, 손실이었다면 자본이 마이너스가 될 수도 있다. 자본이 마이너스라는 것은 회복할 수 없는 신호일 수 있으니 자본도 눈여겨 봐야 한다.

자 여기서 퀴즈! 결혼할 때 부모님이 집을 사는데 5억 원을 주셨다면 이것은 어디에 해당될까? 이는 부채일까, 자본일까? 부모님이 대

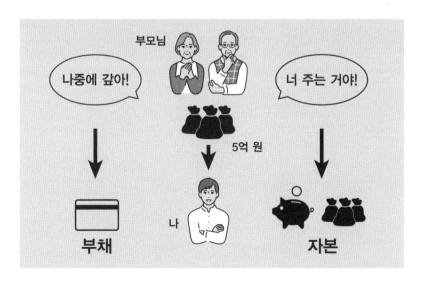

가없이 주셨다면 자본에 해당되고, 빌려주셔서 언젠가 갚아야 하는 돈이라면 부채로 분류해야 한다.

　자산으로는 현재 재산 상태, 부채로는 미래 재산 상태, 자본으로는 과거 재산 상태를 유추할 수 있다고 한다. 멋지지 않은가. 재무 자료로 과거와 현재를 모두 볼 수 있다니, 이게 바로 회계의 매력인 것 같다. 이렇게 재산 상태를 유추할 수 있는 보고서를 재무상태표라고 부른다.

회계의
기본 원리는 시소다 :
차변과 대변,
거래의 8요소

"차변과 대변이 뭔지 알아요?"

면접에서 이 질문을 받고 당황했던 기억이 생생하다. 생전 처음 들어보는 단어였다. 이런 기본 지식도 없이 면접을 보러 왔으니 당연히 떨어질 거라 생각했다. 하지만 합격통보를 받았고, 입사 후에 나를 당황시켰던 질문의 주인공, 차변과 대변을 마주할 수 있었다. 궁금한 마음에 검색을 해봤지만 회계 기본 지식이 전무한 상태에서 의미를 알아듣기란 쉬운 일이 아니었다. 역시 이론은 실무를 만나야 꽃을 피우나보다.

우리는 회계 프로그램을 이용해서 회계전표를 입력한다. 수많은 회계전표가 모여서 재무제표를 완성하는 것이다. 차변과 대변은 여기에서 등장한다.

차변은 왼쪽, 대변은 오른쪽
차변은 비용, 대변은 매출
차변은 입금, 대변은 지출

회계적으로 발생한 사건은 이렇게 차변과 대변에 각각 입력한다. 이 차변과 대변은 밸런스를 이루어야 저장이 가능하다. 양쪽 금액이 무조건 금액이 같아야 하는 것이다. 그래서 예전에는 재무상태표를 대차대조표라고 불렀다. 차변과 대변이 대칭을 이루는 표, 영어로는 Balance Sheet.

이것이 회계의 기초, 기본원리다. 차변, 대변을 이해하려면 짝꿍처럼 따라다니는 거래의 8요소를 이해해야 한다. 거래의 8요소는 회계에서 발생할 수 있는 네 가지 거래를 차변과 대변으로 나눈 것으로, 회계전표는 거래의 8요소에 의해 만들어진다.

차변	대변
자산의 증가	자산의 감소
부채의 감소	부채의 증가
자본의 감소	자본의 증가
비용의 발생	수익의 발생

차변이 올라가면 대변이 내려가고, 차변이 내려가면 대변이 올라간다. 마치 시소와 같다. 개념이 반대라고 이미지를 그려 넣으면 더 쉽다. 자산의 증가가 차변이니, 감소는 당연히 대변이 되고 부채의 감소가 차변이니 증가는 대변이 되는 것이다. 자산의 감소를 차변에 넣으면 안 되냐는 생각을 할 수 있다. 안 된다. 이는 변하지 않는 회계 공식이다. 그저 외우는 게 답이다.

1) 500억 원짜리 건물을 현금을 주고 샀다.

    (차변) 건물 500억 원   (대변) 현금 500억 원

    → 자산의 증가   → 자산의 감소

2) 500억 원짜리 건물을 외상으로 샀다.

    (차변) 건물 500억 원   (대변) 미지급금 500억 원

    → 자산의 증가   → 부채의 증가

3) 직원에게 1억 원 급여를 줬다.

    (차변) 급여 1억 원   (대변) 현금 1억 원

    → 비용의 발생   → 자산의 감소

4) 이번 달 매출이 100억 원이다.

    (차변) 매출채권 100억 원   (대변) 매출 100억 원

    → 자산의 증가   → 수익의 발생

차변, 대변과 거래의 8요소는 이러한 상관관계를 가진다. 거래의 8요소는 열여섯 가지 경우의 수가 있고 차변과 대변에 반영된다. 반드시 왼쪽과 오른쪽은 금액이 같아야 식이 성립된다. 이게 바로 회계가 가진 매력인 것 같다. 반박할 수 없는 정확함과 논리. 그래서 회계팀은 1원을 맞췄을 때 짜릿한 손맛을 느끼나보다.

04 / 우리 집 재무상태표를 그려보자

📖 **회계 외계어 바로 알기**

재무상태표(대차대조표): 일정한 시점에 현재 기업이 가지고 있는 재무상태를 보여주는 보고서

"엄마, 왜 우리 집은 방이 두 개밖에 없어?"

나는 삼 남매다. 내가 초등학교 6학년 때까지 우리 삼 남매는 한 방에서 자랐다. 시골 살림은 대체로 비슷해서 우리 집이 경제적으로 어렵다는 생각을 해본 적이 없었는데, 초등학교 5학년 때였나, 서울에서 전학 온 친구 집에 놀러갔다가 문화충격을 받았다. 친구 집 거실에는 소파가 있고, 친구가 혼자 쓰는 방에는 침대가 있었다. 드라마에서 보던 집이 실제로 있다는 것을 느낀 나는 어린 마음에 집으로 돌아가서 엄마에게 물었다. 엄마 마음에 대못을 박은 것이다. 지금 생각하면 우리 부모님은 계산에 어두우셨던 것 같다. 일평생 성실하게 사셨지만 돈을 모으고 관리하는 방법에는 서툴렀다. 당시 부모님은 시

골에서 작은 슈퍼를 운영하고 계셨는데, 새벽부터 밤까지 장사를 해도 살림살이는 나아지지 않았다. 길 건너 슈퍼는 해가 지날수록 번창해서 가게도 늘리고 물건도 많아졌다. 하지만 우리 집은 반대였다. 진열대가 비어 가고 물건 값을 독촉하는 사람이 늘었다. 슈퍼를 운영하려면 물건이 있어야 하고 물건을 팔아서 이익을 남겨야 한다. 하지만 돈이 없으니 물건을 사들이지 못하고, 물건이 없으니 장사를 할 수 없는 아이러니한 악순환이 이어졌다. 사업을 하려면 매출을 확인하고 이익을 계산하고 관리하는 것이 기본이다. 이런 기본 바탕 없이 장사를 하셨으니 잘 될 수가 없었다.

우리는 돈을 관리하기 위해 가계부를 쓴다. 하지만 가계부는 지출을 관리하는 용도라서 자산을 관리하기에 역부족이다. 이럴 때는 재무상태표가 필요하다. '회계를 모르는데 재무상태표를 만들 수 있을까?' 벌써 동공이 흔들리는가. 하지만 걱정할 필요는 없다. 재무상태표의 기초만 알면 우리 집 상황에 맞게 쉽게 작성할 수 있다.

재무상태표를 만들기 위해 우리 집 자산과 부채를 나열해보자.

자산	부채
현금 1천만 원	마이너스 통장 2천만 원
예금 5천만 원	
적금 1천만 원	
주식 2천만 원	
아파트 매매가 5억 원(현재 가치 7억 원)	집 대출 3억 원
자동차 3천만 원(중고가)	자동차 할부 1천만 원
+ 개인의 재무상태표는 냉장고, 세탁기, 에어컨 같은 살림살이는 기록하지 않는다. 회사와 달리 팔 일이 없기 때문이다. + 현재 아파트 시세차이로 인한 이익은 2억 원이다.	+ 집을 살 때 2억 원은 내 종잣돈으로 지불했다.

나열한 자산, 부채로 재무상태표를 이렇게 만들어 볼 수 있다.

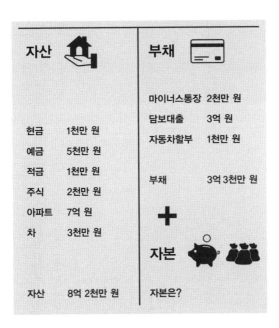

[자산=부채+자본]이라고 배웠다. 그럼 자본이 4억 9천만 원이어야 계산이 성립된다. 아파트를 5억 원에 매수했는데 3억 원이 대출이니 2억 원의 종잣돈을 유추할 수 있고, 아파트 시세차이 덕분에 2억 원이나 자본이 늘었다. 나머지 9천만 원은 내가 번 돈이다. 모두 합하면 4억 9천만 원. 등식은 이렇게 성립됐다. (여기서, 아파트 시세차이는 당장 현금화가 되지 않았지만 회계에서 이익과 손실을 표기한다.)

우리 부모님은 슈퍼를 운영하신 지 7년 만에 가게를 정리하셨다. 부모님이 당시에 이런 교육을 받으셨더라면 어땠을까. IMF에 무릎 꿇는 일이 생기지 않았을지도 모르겠다. 하지만 인생에 '만약'은 일어나지 않는다. 그전에 자산에 관심을 갖고 미리 점검할 수 있으면 좋겠다. 이런 식으로 재무상태표를 매월 작성하다보면 우리 집 재산이 얼마나 증가하는지를 알 수 있고, 내가 목표한 자산 금액에 얼마나 가까워졌는지 확인할 수 있다. 그러다 보면 목표에 더 빨리 도달할 수 있는 길이 되지 않을까.

실무 TIP

부채를 똑똑하게 이용하면 내 자산이 늘어난다.

내가 소유한 집은 나의 자산이 되고 대출은 부채로 분류된다. 집은 자산 항목 중에서도 움직일 수 없는 부동산이기 때문에 유형 자산이 되는데, 이 자산은 매년 시세에 따라 오르고 내리기를 반복한다. 집값이 오르면 자산이 증가하는 것이고, 떨어지면 자산이 감소하는 것이다. 하지만 부채(=은행 대출)는 현금이기 때문에 그대로다. 부채를 이용해 자산을 소유하게 됐더라도 자산이 증가하면 자본도 증가하고 결국 내 재산이 증가하는 결과를 가져다주는 것이다.

1억 원의 대출을 받아 3억 원짜리 집을 샀다면, [자산 3억 원=부채 1억 원+자본 2억 원]의 공식의 성립된다. 살다가 아파트 시세가 2억 원이 올랐다면 [자산 5억 원=부채 1억 원+자본 4억 원]의 공식이 성립된다. 부채를 활용한다는 건 이런 것이다. 대출을 받아 자산을 취득했고, 자산의 가치가 올라 자본이 2배로 늘어났다.

부자가 되려면 일정 부채는 필수다. 부채라고 다 나쁜 것만은 아니다. 부채를 똑똑하게 이용하는 사람이 부자가 될 수 있다.

★ 대출 1억 원을 이용해서 3억 원짜리 집을 구매했을 경우

시세 2억 원
상승 시

자본 2억 원	→	자본 4억 원
부채 1억 원		부채 1억 원
= 자산 3억 원		= 자산 5억 원

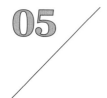

05

가계부로 그려보는 손익계산서

📖 회계 외계어 바로 알기

손익계산서: 일정한 기간에 기업이 벌어들인 수익을 보여주는 보고서

매출: 기업이 영업을 목적으로 하는 상품 등의 판매 또는 용역의 제공을 행하고 대가를 받음으로써 실현되는 수익

매출원가: 매출을 발생할 때 수반되는 비용

매출이익: 매출에 대한 이익. 매출액에서 매출원가를 차감한 이익

판매비와관리비: 기업을 사업을 유지하기 위해 수반되는 비용. 급여, 복리후생비, 임차료, 접대비, 광고선전비 등이 포함됨

영업이익: 기업의 주된 영업활동에 의해 발생된 이익. 매출이익에서 판매비와관리비를 차감한 이익

당기순이익: 기업의 최종 순이익. 영업이익에서 영업외수익/비용, 법인세를 차감한 이익

"띠링"

오전 11시, 급여가 들어왔다는 신호음이 울린다. 비록 월급이 통장을 스쳐간다 해도 급여날은 늘 기다려지고 기분이 좋다. 핸드폰을 들고 은행 앱을 열어 잔고를 확인한다. 그리고 다시 업무에 집중한다.

"급여명세서는 확인 안 하시나요?"

요즘은 세전 금액, 세후 금액, 공제 내역의 의미를 잘 모르는 친구들이 있는데 정답은 급여명세서에 있다. 그럼 지금 바로 급여명세서를 열어보자. 소득 금액과 공제 내역이 있다. 소득은 연봉에서 12개월을 나눈 금액이고, 공제 내역은 4대 보험, 소득세를 말한다. 소득 금액에서 공제 내역을 제외하고 통장으로 지급받는다. 우리는 이렇게 매월 급여를 받아 생활하고 저축도 하며 살고 있다. 그럼 한 달 가계부를 한번 써볼까?

+ 소득(세전 급여)	3,000,000원
- 4대 보험	500,000원
= 소득(세후 급여)	2,500,000원
- 저축	1,500,000원
- 식비	500,000원
- 핸드폰&교통비	100,000원
- 문화생활	100,000원
- 옷	200,000원
= 남은 돈	100,000원

가계부를 써보니 세전 금액으로 300만 원을 받아서 이것저것 다 제외하고 10만 원이 남았다는 것을 알 수 있다. 혹시 기업도 가계부를 쓸까? 정답! 기업도 가계부를 쓴다. 회계 용어로는 손익계산서라고 부른다. 기업은 영리활동을 목적으로 한다. 돈을 벌어야 기업으로서

가치가 있다. 그 가치를 증명하는 것이 손익계산서다. 얼마의 돈을 벌었고, 얼마를 썼고, 남은 이익은 얼마인가. 손익계산서의 구조는 아주 단순하다.

매출
– 매출원가
= 매출이익

– 판매비와관리비
= 영업이익

+ 영업외수익
– 영업외비용
= 당기순이익

매출액은 기업이 물건을 판매한 금액이다. BMW는 자동차 판매 금액, 페이스북은 광고비, 농심은 신라면 판매 금액이 해당될 것이다.

매출원가는 매출을 만들 때 들어간 비용을 말한다. BMW는 자동차를 만들 때 들어간 부품, 타이어, 유리, 엔진 등 자동차에 직접적으로 들어간 비용이 매출원가고, 페이스북은 앱을 유지보수하고 운영하는 서버가 매출원가로 반영된다. 농심은 밀가루, 고춧가루, 파, 물, 포장용기 등 라면을 만드는 데 들어간 비용이 매출원가가 될 것이다.

비용을 하나로 묶지 않고 매출원가를 구분하는 이유가 뭘까? 매출원가를 별도로 계산해야 BMW에서 X5 한 대를 만드는 데 드는 비용을 확인하고 소비자에게 얼마의 마진을 남기고 판매할지 결정할 수 있다. 거꾸로 다시 계산하면 X5를 한 대 팔았을 때 얼마의 이익이 남 았는지 확인할 수 있다. 그래서 매출액에서 매출원가를 제외한 금액 을 매출이익이라고 부른다.

+ 소득(세전 급여)	3,000,000원	-> 매출액
- 4대 보험	500,000원	-> 매출원가
= 남은 돈	2,500,000원	-> 매출이익

그 외에 회사에서 지출하는 모든 비용은 판매비와관리비로 분류 된다. 일하는 직원에게 월급을 주고, 사무실 임차료를 내고, 전기세와 수도세를 내고, 1년 이상 근무한 직원에게는 퇴직금을 주고, 회식도 해야 하고, 신입사원이 들어오면 PC를 새로 사야하고, 회사 판매 물 건을 홍보도 해야 하고, 사무실 보안을 위해 외부 경비업체에 수수료 를 지급해야 한다.

일하는 직원에게 월급을 주고	➡	급여
사무실 임차료를 내고	➡	임차료
전기세와 수도세를 내고	➡	수도광열비
1년 이상 근무한 직원에게 퇴직금을 주고	➡	퇴직급여
회식도 해야 하고	➡	복리후생비
신입사원이 들어오면 PC를 새로 사야 하고	➡	비품

회사 판매 물건을 홍보도 해야 하고	⟶	광고홍보비
사무실 보안을 위해 경비업체에 수수료를 지급	⟶	용역수수료

회사를 운영하려면 생각보다 운영 비용이 많이 든다. 이를 손익계산서에서는 판매비와관리비라고 부른다. 앞서 작성했던 가계부에 비유하면 이렇게 분류할 수 있다.

+ 소득(세전급여)	3,000,000원	-> 매출액
- 4대 보험	500,000원	-> 매출원가
= 남은 돈	2,500,000원	-> 매출이익
- 저축	1,000,000원	-> 판매비와관리비(비용)
- 월세	500,000원	-> 판매비와관리비(비용)
- 식비	500,000원	-> 판매비와관리비(비용)
- 핸드폰&교통비	100,000원	-> 판매비와관리비(비용)
- 문화생활	100,000원	-> 판매비와관리비(비용)
- 옷	200,000원	-> 판매비와관리비(비용)
= 남은 돈	100,000원	-> 영업이익

판매비와관리비는 회사를 운영하는 데 반드시 필요한 금액이다. 다시 말해 회사 영업을 위해 꼭 지출을 해야 하는 항목이다. 그래서 판매비와관리비를 쓰고 남은 금액을 영업이익이라고 부른다. 매출이익이 제품을 판매해서 남긴 이익이었다면, 영업이익은 제품을 만들고

판매하는 과정에서 발생하는 모든 비용을 제외하고 남은 이익을 말하는 것이다. 영업이익은 기업에서 가장 중요한 기업의 경영성과를 나타낸다. 이 숫자가 플러스라면 경영을 잘한 것이고, 손실이라면 뭔가 문제가 있음을 알 수 있다.

우리가 기억해야 할 것은 바로 손익계산서는 돈을 얼마 벌었고, 얼마를 썼고, 남은 이익은 얼마인가를 보여주는 보고서라는 것. 회사든 개인이든 많이 벌어서 많이 남기는 것이 최고다.

"내 가계부에서 영업이익은 얼마인가요?"

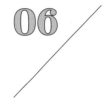

회사라는 텃밭의 씨와 열매 : 당기순이익과 자본의 관계

"재무상태표에는 비밀이 있어요. 무엇일까요?"

신입사원 때, 팀장님이 나에게 내셨던 퀴즈다. 팀장님은 가끔씩 이런 알 수 없는 퀴즈를 내곤 했는데, 이럴 때 신나 보이는 팀장님의 모습에 나는 최선을 다해 리액션을 하곤 했다.

1. 재무상태표는 현재 시점 잔액이다.
2. 자산=부채+자본이다.
3. 자산은 1년 안에 현금으로 만들 수 있는지 없는지에 따라 유동 자산과 비유동자산으로 나눈다.
4. 부채도 1년 안에 갚아야 하는지 아닌지에 따라 유동부채와 비

유동부채로 나눈다.

5. 자본은 사업을 시작할 때 가지고 있던 종잣돈이다.

웬만한 이론은 파악했다. 하지만 비밀이라고 거창하게 말하니 도무지 갈피가 잡히지 않았다.

"이제 그만 알려주시죠."
"재무상태표에는 손익계산서가 숨겨져 있어!"

재무상태표는 현재 시점이고, 손익계산서는 기간이라서 둘의 기준이 다르지 않나. 그래서 두 보고서는 하나로 합칠 수 없을텐데 어디에 숨어있다는 거지? 하지만 정말 있다. 바로, 자본 안에 숨어 있다.

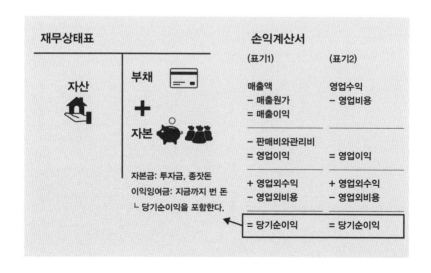

자본금은 종잣돈과 내가 지금까지 번 돈을 포함하고 있다. 종잣돈은 자본금, 지금까지 번 돈은 이익잉여금으로 나누는데 이익잉여금에는 당기의 이익을 포함한다. 그래서 손익계산서를 확인하지 않아도 재무상태표만 봐도 당기에 얼마를 벌었는지를 확인할 수 있는 것이다.

"당기순이익은 열매다."

팀장님이 자주 하시던 말씀이다. 팀장님은 가끔 우리가 하는 일을 농부에 비유하셨다. 1년 동안 열심히 밭을 갈고 씨를 뿌리고 거두고, 겨울에 열매를 수확해서 재무상태표라는 곳간에 차곡차곡 넣는 일이라고. 그때는 비유가 크게 와닿지 않았는데 한 해 한 해 지나면서 알게 됐다. 큰 티가 나지는 않는 일을 하지만, 꼭 필요한 존재. 굳이 티가 나지도 생색을 내지도 않지만, 내가 일군 것들이 잘되길 바라는 마음. 회계팀을 비유하기에 제격인 느낌이다.

당기순이익이
전부는 아니야 :
현금 관리

결혼을 일찍 한 친구가 있다. 원룸에서 월세로 시작해 맞벌이를 하면서 알뜰살뜰하게 돈을 모았다. 하지만 시간이 지나면서 소득은 높아졌고 친구 부부의 씀씀이는 커져갔다. 매년 해외여행은 기본, 명품 가방에 외제차까지 소유하고 있어서 친구들에게 부러움의 대상이었다. 그런데 얼마 전 충격적인 소식을 들었다. 대출이 연체되어 집이 경매로 넘어갈 위기에 처했다는 것이다. 친구들 사이에 부자 부부로 불렸던 친구의 소식에 모두 깜짝 놀랐다.

친구 부부의 사연은 이랬다. 2021년 유례없이 부동산 가격이 폭등하던 그 때, 너도나도 영끌을 외치는 기차에 탑승해 영혼까지 끌어모아 서울에 있는 아파트를 샀다고 했다. 하지만 빚은 늘었는데 소비는 줄지 않았고, 오히려 집을 꾸미느라 지출이 더 늘었다. 거기다 대출이자까지 오르기 시작하자 친구 부부의 재무제표는 걷잡을 수 없이 나쁜 방향으로 흘러가고 있었다. 이들의 재무제표는 무엇이 잘못된 걸까? 재무제표를 한번 그려보자.

부부는 둘 다 탄탄한 회사를 다니고 있다. 사회생활을 한지 10년 차로 부부 소득을 합하면 연 1억 5천만 원 정도, 구매한 아파트는 8억 원, 대출은 7억 원이다. 차는 50% 할부로 1억 원짜리 외제차를 소유하고 있다. 여기까지만 보면 연간 소득이 높으므로 문제가 없어 보인다. 재무제표로 그리면 이런 모습이다.

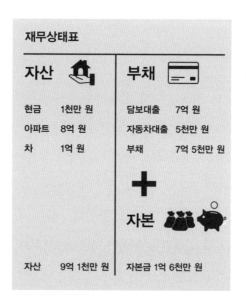

재무상태표

자산 🏠	부채 💳
현금　　　1천만 원	담보대출　　7억 원
아파트　　8억 원	자동차대출　5천만 원
차　　　　1억 원	부채　　　　7억 5천만 원
	＋
	자본 💰🐖
자산　　9억 1천만 원	자본금 1억 6천만 원

둘이 합해 소득이 1억 원이 넘으면 절대 적은 금액이 아니다. 하지만 급여를 어떻게 쓰고 있는지는 가계부를 들여다봐야 알 수 있다.

손익계산서		
매출액	1250만 원	급여(세전금액)
– 매출원가	250만 원	4대보험
= 매출이익	1천만 원	급여(세후금액)
– 판매비와관리비	950만 원	생활비
(은행이자)	(400만 원)	
(생활비)	(550만 원)	
= 영업이익	50만 원	남은 돈
영업외수익/비용		
= 당기순이익	50만 원	남은 돈

4대 보험을 제외하고 수중에 남은 돈은 1천만 원, 이 중 원금과 이 자를 포함해서 매월 400만 원을 은행에 상환하고 있다. 더군다나 금 리 인상 여파로 갚아야할 이자 비용이 두 배로 늘었다. 생활비는 또 어떤가. 소득이 커지다보니 씀씀이가 늘었다. 550만 원이나 생활비로 쓰고 있다. 생활비를 분류하면 식비, 의류비, 차량유지비, 관리비, 보험 료가 있을 것이다. 그래도 다행인 건 생활비를 제외하면 50만 원이 남 는다. 하지만 친구는 은행 빚을 제때 갚지 못해서 집이 경매에 넘어가 고 파산할 위기를 맞게 됐다. 이유가 뭘까?

이런 현상을 기업에서는 흑자도산이라고 표현한다. 쉽게 말해 돈 이 없어서 망하는 것이다. 보통 매출이 없거나 이익이 없을 때 회 사가 망한다고 생각하는데 다 그런 것만은 아니다. 재무제표상에 서 이익을 내고 있어도 망하는 일이 발생하기도 한다. 가장 큰 이유 는 현금 관리를 제대로 하지 못했기 때문에, 당장 쓸 돈이 없어서 파산하는 것이다. 돈이 없어서 빚(채무)을 갚지 못하면 연체가 발생하게 되고, 같은 일이 반복되면 결국 부도라는 최악의 결과를 맞게 될 수 있다.

친구의 경우도 그랬다. 수입과 지출을 기록하면 월 50만 원이 남는 것처럼 보이지만 급여일, 카드 할부, 카드 여신일, 대출 입금 일정을 제대로 관리하지 못해 돈이 원활하게 돌지 못했고 여유자금이 없었다. 그래서 당장 필요한 돈은 현금서비스를 받거나 리볼빙으로 해결했다. 그러다 결국 대출금이 연체되는 일이 발생했다고 했다. 다행히 퇴직금을 정산 받아 대출금을 일부 갚을 수 있었지만 자산 관리에 얼마나 무지했는지 절실히 깨달았다고 했다. 현금 관리가 중요하다는 사실도.

회사를 판단할 때 매출액도, 영업이익도 전부가 아닐 수 있다는 것을 보여주는 전적인 예가 아닐까.

08 / 현금흐름표 이해하기

📕 **회계 외계어 바로 알기**

현금흐름표: 일정한 기간에 기업이 현금 입출금 기록을 보여주는 보고서

그럼 기업이 현금 관리를 잘하고 있다는 것을 어떻게 확인할 수 있을까? 앞에 설명했던 다섯 가지 재무제표 중, '현금흐름표'라는 보고서로 확인할 수 있다.

나의 두 아이 중 콩순이는 수에 밝다. 돈의 개념을 알고부터 지갑에 돈을 차곡차곡 모으는 것을 참 좋아했다. 돈이 있어야 사탕을 사먹을 수 있고 좋아하는 인형을 살 수 있다는 것을 안다. 돈이 많을수록 선택의 폭이 넓다는 것도 알고 있다. 그래서 한 번 지갑에 들어온 돈은 나가는 일이 없다. 나중에 좋아하는 것을 사기 위해 중요하지 않은 것은 유혹이 와도 참고 넘긴다. 하지만 다른 아이, 콩알이는 수에 약하다. 돈을 모은다는 개념보다 돈은 써야 한다는 생각을 가지

고 있다. 그래서 둘이서 간식을 사먹을 때 늘 지갑을 꺼내는 쪽이 콩알이다. 가끔 둘의 저금통을 열어보면 액수가 극명하게 갈린다. "너는 돈을 어디다 쓰는 거야?"라고 콩알이에게 물어보면 늘 같은 대답이다. "몰라, 아이스크림 사먹은 것 같기도 하고." 같은 물음에 콩순이는 다르다. "내가 고민하고 고민하다가 사고 싶은 인형이 있어서 3천 원 주고 샀어." 콩순이는 이유도, 금액도 정확하다. 가계부를 쓰지 않아도 머릿속에 기억하는 것이 신기하기만 하다.

두 아이가 나중에 회사를 운영한다면 어떨까? 콩순이 회사는 지출 관리를 잘하는 회사가 될 것이다. 현금이 들어오고 나가는 것을 신중하게 결정하고 기록한다. 하지만 콩알이 회사는 현금 관리를 제대로 하지 못해 머지않아 문을 닫게 될지도 모른다. 우리가 두 회사 중 선택해야 하는 입장이라면, 당연히 콩순이 회사를 선택할 것이다.

앞서 손익계산서가 개인의 가계부와 같다고 말했지만, 사실 현금흐름표가 가계부에 더 가깝다. 손익계산서는 당장 현금으로 지출하지 않은 비용을 포함하고 있지만 현금흐름표는 모든 현금의 입금과 출금을 기록한다. 우리가 가계부를 현금이 들어오고 나가는 내역을 쓰듯이 기업의 현금흐름표도 동일하다고 이해하면 된다. 그래서 현금흐름표를 현금주의 보고서라고 말한다.

현금흐름표는 입금·출금 성격에 따라 세 가지로 나누어서 표기한다. 영업활동에서 발생한 입금과 지출, 재무활동에서 발생한 입금과 지출, 투자활동에서 발생한 입금과 지출. 우리가 가계부를 쓸 때 식비, 교통비, 보험료 같은 항목으로 나누는 것과 비슷하다. 지출항목을 비슷한 성격으로 묶으면 돈을 어디에 얼마나 썼는지 한눈에 파악할 수 있다.

영업활동에서 발생한 입금과 지출

영업활동은 주업을 말한다. 영업활동은 회사가 주업을 통해 발생한 입금과 지출을 기록한다. 핸드폰을 판매하는 회사라고 한다면, 핸드폰을 팔아서 입금된 내역, 핸드폰 재료비를 지출한 내역, 직원들에게 준 급여, 건물 임차료, 회식비 등 핸드폰을 팔아서 얼마의 현금이 들어오고 나갔는지를 알 수 있다. 영업활동으로 현금이 증가했다면 회사를 안정하게 운영했다고 판단한다.

투자활동에서 발생한 입금과 지출

투자활동은 투자를 통해서 발생한 입금과 지출을 기록한다. 기업도 이익을 위해 투자를 할 수 있다. 주식에 투자하거나, 건물을 사거나, 여유자금을 빌려주고 이자를 받는 것도 투자활동에 해당한다.

재무활동에서 발생한 입금과 지출

재무활동은 회사가 돈을 빌리거나 상환하는 과정에서 발생하는 활동을 말한다. 재무활동 현금흐름이 플러스라면 자금이 유입되었고, 미래에 이에 대한 이자 지급 등으로 현금 유출이 발생할 것을 예측할 수 있다. 마이너스라면 부채를 상환했다는 의미로 사업이 안정 단계에

접어들었다는 신호일 수 있다.

현금이 많으면 좋다. 하지만 상황에 따라서는 꼭 좋은 시그널만도 아니다. 현금이 많은 원인이 중요하다. 공장을 매각해서 현금이 늘어났다면 사업을 접으려는 건 아닌지, 그런 거라면 앞으로 어떻게 먹고 살 회사인지 확인이 필요하다. 대출이나 주주에게 돈을 빌렸다면, 회사 사정이 어려운 건 아닌지 의심이 든다. 반대로 현금이 없다는 것도 꼭 나쁜 시그널만도 아니다. 건물을 사느라 현금이 줄어들었다면, 다른 사업을 한다던가, 시세차익으로 회사가 더 좋아질 수 있고, 빌린 돈을 갚느라 현금이 줄어들었을 수도 있다. 그렇다면 부채비율이 감소해서 회사 숫자가 더 좋아질 수 있다.

아이의 현금흐름은 주로 먹고사는 주업에서 이루어지므로 영업활동으로 돈을 쓰고, 용돈을 엄마에게 받으니 재무활동으로 현금이 들어온다고 할 수 있다.

기업에게 현금 관리는 정말 중요하다. 우리는 실무에서 현금 관리라는 말보다 유동성 관리라는 더 멋진 말을 쓴다. 자산이 모두 주식이나 부동산에 묶여있고 당장 쓸 현금이 없으면 생활이 힘들어지는 것과 같다. 그리고 회사를 알아볼 때는 다양한 측면에서 고려해야 한다는 것도 기억하자.

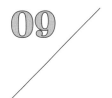

감가상각을 통해
자산을 비용으로 계산한다

📖 **회계 외계어 바로 알기**

감가상각: 고정자산의 가치감소를 산정하여 그 액수를 고정자산의 금액에서 공제함과 동시에 비용으로 계상하는 절차

입사하고 2년이 됐을 즈음, 직원이 점점 늘어나서 당시 건물로는 소화가 안 될 지경에 이르렀다. 그래서 다른 건물을 빌려 사무 공간을 늘리기로 했다. 사무 공간을 늘린다는 건 할 일이 많아진다는 것을 의미한다. 빈 공간을 꾸며야 하고, 책상, 의자, 프린터기, 컴퓨터 같은 집기가 필요하다. 막내인 내가 할 일이 많아졌다. 입사 당시 작은 중소기업이었던 우리 회사는 경영지원팀에서 회계, 인사, 총무 일을 모두 수행했다(작은 회사에서는 회계팀의 역할이 회계만 있는 것이 아니다. 넓은 의미의 관리팀 역할을 다 수행한다). 필요한 물건들의 목록을 정리하고, 가격을 비교하고, 구매하는 것까지 업무를 진행했다. 하지만 척척 진행되는 일을 보며 스스로 뿌듯해하던 내게 날벼락이 떨어졌다.

"윤아 씨, 이게 뭐야?"

선배가 종이를 보여주며 다급하게 불렀다. 손익계산서에서 영업이익이 마이너스 1억 원이다. '마이너스 1억 원? 이번 달에 손실이 그렇다는 건가? 이게 내 탓인가? 내가 뭘 잘못했나?' 오만가지 생각이 머리를 스쳤다.

"제가 뭘 잘못했나요?"
"뭘 잘못했는지 생각해볼까?"

떨리는 목소리로 물었는데 선배는 바로 알려주지 않는다. 손익계산서를 받아들고 자리에 앉아 종이만 뚫어지게 쳐다봤다. 그리고 내가 친 회계전표를 확인했다. '뭐가 잘못됐을까, 혹시 내가 그 금액을 물어내야 하는 일이 생기는 건 아니겠지?' 어린 마음에 덜컥 겁이 나기 시작했다. 그래서 어떤 것도 눈에 들어오지 않았다. 약속한 30분이 지나고 선배와 다시 마주앉았다. 겁에 질린 표정을 본 선배는 미소를 지으며 용역수수료 1억 원의 회계전표를 건넸다.

"이건 인테리어 비용 전표인데요."
"인테리어 비용은 맞아. 근데 용역수수료로 입력했지?"
"사람이 하는 일이니까 용역수수료가 아닌가요?"

회계 원리를 배울 때 사람이 하는 일은 용역수수료, 기계가 하는 일은 지급수수료로 처리해야 한다고 배웠다. 그런데 왜?

회계에서는 자산 가치가 있는 것에 돈을 지출했을 경우, '비품'이라는 자산으로 인식한다. 비싼 물건은 한 번만 쓰고 버리는 휘발성 물건이 아닌 경우가 많다. 회사의 자산 가치를 높여주는 물건일 가능성이 높다. 그래서 바로 비용으로 처리를 하지 않고 구매할 때 자산으로 처리했다가, 그 구매 비용을 사용 가능한 기간만큼 나눠서 회계에 비용으로 반영하는 것이다.

예를 들어, 100만 원짜리 책상을 10개 구매했다면, 한 번에 1천만 원을 비용으로 처리하지 않는다. 구입 당시 '비품'이라는 자산계정으로 처리했다가 매월 16만 원씩 비용처리를 하는 것이다. [16만 원=1천만 원/60개월] 비용은 통상 5년으로 나눠서 반영한다. 그런데 이 비품은 물건에만 해당하는 것이 아니다. 회사의 자산 가치를 높여주는 모든 비용이 해당될 수 있다. 지금과 같은 경우다. 회사 내부를 인테리어를 했다면 회사 자산 가치가 올라간다. 그리고 금액이 크다. 그래서 이 비용을 한 번에 1억 원을 비용처리하지 않고 매년 2천만 원씩 비용으로 처리하는 것이다.

자산 계정으로 처리하는 이유가 또 있다. 지출 시점에 비용으로 처리해 버리면 큰 금액일수록 비용이 늘어나서 영업이익에 안 좋은 영향을 미치게 된다. 하지만 자산으로 처리하면 재무상태표의 자산 금액이 그만큼 올라가고 비용은 줄어들어 손익을 안정적으로 만들 수 있다. 이를 회계에서는 '감가상각'이라고 표현을 한다. 내가 용역수수료로 처리한 인테리어 비용도 회사의 가치를 높여줬으니 자산으로 처리를 했어야 했다.

역시 회계 이론에는 다 뜻이 있다. 이유 없는 회계처리는 없다. 회계처리를 수학공식처럼 외우기보다는, 원리와 이유를 이해해야 한다는 것을 알았다. 그리고 내 실수가 회사의 손실로 이어질 수 있다는 것을 알게 된 아찔한 하루였다.

10 / 보이지 않는 부채 : 4대 보험과 예수금

우리는 회사에서 급여를 받을 때 세금을 먼저 제하고 받는다. 세전 금액, 세후 금액이라는 용어가 여기서 나왔다. 세금은 4대 보험, 소득세가 있다. 4대 보험은 국민연금, 건강보험, 고용보험, 산재보험을 말하고, 소득세는 소득 구간에 따라 달라지는 세금을 말한다. 직장인에게 4대 보험과 소득세는 선택할 수 있는 항목이 아니다. 급여 소득자라면 필수로 지불해야 하는 비용인 것이다. 하지만 자세히 알아보면 4대 보험에도 순기능은 있다.

국민연금

국민연금은 정부가 운영하는 공적 연금제도다. 국민이 돈을 벌 수 있을 때 나라에서 돈을 맡아뒀다가, 나이가 들었을 때 기본 생활을 유지할 수 있도록 지원한다는 게 기본 취지다. 개인의 소득에 따라 납부하는 금액이 달라지고, 납부 금액에 따라 노년에 받을 금액이 정해진다.

건강보험

건강보험은 정부가 운영하는 의료비 지원 서비스다. 고액의 진료비가 가계에 부담이 되는 것을 막기 위해 소득의 일부를 떼서 건강보험을 운영한다. 우리가 저렴한 비용을 내고 병원을 가는 것은 건강보험 제도 덕분이다. 건강보험도 개인의 소득에 따라 납부하는 금액이 달라진다.

고용보험

고용보험은 실직자를 위한 지원 제도다. 근로소득자에게 매월 일정 금액을 떼서 모아뒀다가 실업자에게 실업급여를 주고 재취업을 위한 교육비도 지원하고 있다. 하지만 실업급여는 지원 조건이 까다로워서 모든 실직자에게 혜택이 돌아가는 것은 아니다.

산재보험

근로소득자가 업무 중 다쳤을 때 병원비를 지원해주는 제도다. 출근, 외근, 회식, 사무실 등 근무와 관련이 있는 일을 하다가 다쳤다면 모두 지원 대상이다. 하지만 지원을 받으려면 근로자가 모든 서류를 다 준비해야 하므로 번거롭고 복잡한 절차로 인해 지원받기를 포기하는 사람도 많다고 한다.

직장인은 매월 4대 보험이라는 명목으로 적지 않은 돈을 납부하고 있다. 그래서 생겨난 게 책임 분담이다. 개인에게만 의무를 지면 금액이 너무 크니까, 개인을 고용하고 있는 회사에게 공동의 책임을 물었다. '이 사람을 고용하려면 4대 보험의 반은 회사가 내!' 회사에게도 청천벽력 같은 소식이다. 그래서 회사 복리후생 제도에 '4대 보험 지원'이라는 항목이 있는 것이다. 직원 입장에서 '4대 보험은 당연히 회사가 지원해주는 거 아니야?'라고 생각 할 수 있지만, 회사 입장에서는 복리후생 명목으로 지원하는 항목이 맞다.

회사에게 4대 보험은 비용이다. 비용이 부담되어 이행하지 않는 회사도 있다. 그래서 나라에서는 1인 이상 사업장에게 4대 보험 의무 가입을 법으로 내걸었다. 사업주는 근로자에 대해 4대 보험을 취득·신고해야 할 의무를 부여한 것이다. 물론 어기면 과태료 대상이다. 그래서 예수금이라는 개념이 나왔다. 영어로는 Deposit received. 4대 보험을 신고/납부하는 의무와 책임이 회사에 있는데, 보험을 납부할 때마다 직원에게 비용을 일일이 걷기는 번거롭다. 중간에 퇴사라도 하면, 회사가 그 비용을 내야 할 수 있다. 그래서 직원에게 급여를 지급할 때 미리 떼고 지급을 하는 것이다. 회계에서 이 돈은 예수금이라는 계정을 쓴다. 이 돈은 회사의 돈이 아니다. 잠시 보관했다가 나라에 납부할 뿐이다. 그래서 예수금은 재무상태표에서 부채에 해당된다.

4대 보험은 당장 월급이 줄어들기 때문에 손해 보는 마음이 들 수도 있지만, 보험은 보험이다. 가능성은 희박하지만 연금은 60세 이후에, 건강은 아프면, 고용은 실직하면, 산재는 다치면 보장을 받을 수 있다. 개인적으로 내고 있는 실비보험도 병원에 가지 않는 한 매월 버리는 돈이 아닌가. 하지만 개인 보험은 선택이고 4대 보험은 의무다. 그래서 직장인들은 4대 보험을 세금이라고 부르나 보다. 직장인에게는 선택을 할 수만 있다면 당장은 내고 싶지 않은 보험, 바로 4대 보험이다.

11 /

영업이익과
당기순이익 사이 :
영업외수익/비용

손익계산서는 몇 가지의 이익을 확인 할 수 있을까?

정답! 네 가지.

촘촘하게 짜인 손익계산서를 보면 놀랍다. 매출액에서 매출원가를 빼서 매출이익을 계산하고, 거기에서 판매하는 데 들어간 비용을 빼서 영업이익을 계산하고, 거기에서 영업과 관련이 없는 수익을 더하고 빼서 세금을 내기 전 이익을 계산하고, 거기서 최종 법인세를 빼서 당기의 순이익을 계산한다.

"결과적으로 최종 얼마를 벌었는지가 제일 중요한 거 아니에요?"

이런 질문을 할 수도 있다. 하지만 네 가지 이익은 각각 의미가 다르다. 어떤 이익이 더 중요하는 것보다는 보는 관점에 따라 다르기 때문에 중요도를 따지는 건 의미가 없다.

매출이익

판매한 물건의 순 이익은 얼마야?

= 매출액에서 매출원가를 차감한 이익

영업이익

영업을 통해 번 이익은 얼마야?

= 매출이익에서 일반관리비와 판매관리비를 차감한 이익

법인세차감전이익

세금 내려면 계산이 필요해. 세금 내기 전에는 얼마나 번거야?

= 기업은 법인세 차감 전 이익으로 세금을 계산한다. 영업이익에서 영업외수익을 더하고 영업외비용을 차감한 이익

당기순이익

그래서 1년 동안 다 계산하면 얼마 벌었는데?

= 법인세차감전이익에서 법인세를 차감한 이익. 기업의 최종 이익

일반적으로는 영업이익이 기업의 실적을 판단하는 중요한 지표라고 한다. 하지만 영업이익과 당기순이익 사이에 숨어있는 아이들이 있다. 영업과 관련이 없다는 이유만으로 변방에 배치됐지만 알고 보면 중요한 아이들, 바로 영업외수익과 영업외비용이다. 어떤 의미인지 단어가 직관적으로 말해주고 있다. 영업과 관련이 없는 이익과 수익, 어떤 항목일까? 근로소득자로 비유하면 급여 외 부수적인 수입을 꼽을 수 있다. 주식일 수도 있고, 부업일 수도 있고, 로또 당첨과 같은 행운일 수도 있다. 이건 내 본업에서 얻은 수익이 아니므로 영업외수익으로 배치한다.

기업도 비슷하다. 기업의 본업에서 얻는 건 아니지만 수익이 생겼을 경우 영업외수익으로 보낸다. 하지만 이 항목의 수익이 본업보다 좋을 수도 있다는 비밀! 물론 본업을 잘하는 회사가 성장가능성이 큰 회사겠지만 부수입에서 기회가 오기도 한다. 반대로 본업에서 돈을 많이 벌었는데 부업으로 번 돈을 까먹는 회사가 있을 수도 있다. 비용은 영업외비용으로 보낸다. 그러니 영업이익만 중요한 것은 아니다. 영업이익과 당기순이익 사이에 숨어있는 항목도 자세히 볼 필요가 있다.

영업외수익	영업외비용
이자수익: 정기예금으로 이자가 생겼어? 그럼 영업외수익이지.	이자비용: 대출이자는 이자비용으로 반영하고.
외환차익: 어머, 환율이 올라서 해외거래처에서 돈을 더 받았잖아. 당연히 이익 반영을 해야지.	외환차손: 어라, 환율이 떨어져서 해외거래처에서 돈을 다 못 받았어. 손실이 생겼네.
외화환산이익: 해외거래처에서 받을 돈이 있는데 환율이 계속 오르네? 회수시점에 더 많이 받을 수 있으니까 환율차이만큼 이익으로 반영하자.	외화환산손실: 해외거래처에서 받을 돈이 더 있는데 환율이 계속 떨어지잖아. 돈을 덜 받을 수 있으니까 그 차액을 손실로 반영하자.
지분법이익: 자회사가 이익이 많이 났네! 내가 100% 투자한 회사니까 그만큼 이익으로 반영하자.	지분법손실: 자회사가 손실이네. 내가 100% 투자한 회사니까 그만큼 손실로 반영하자.
평가이익: 주식이 왜 이렇게 많이 오른 거야? 주식 좀 하는구나? 아직 안 팔았어도 일단 오른 만큼 이익 반영하자. 세상에, 땅값도 올랐어! 얘도 시세 차이만큼 이익 반영해야지.	평가손실: 세상에, 주식이 또 떨어졌어. 아직 안 팔았어도 일단 떨어진 금액만큼 손실로 반영하자. 땅값도 떨어졌잖아. 얘도 시세 차이만큼 손실이야.
처분이익: 가지고 있는 자산을 처분했는데 돈을 많이 받았어? 그럼 이익으로 반영해야지.	처분손실: 가지고 있는 차를 헐값에 팔았어? 손실로 반영해야지.
잡이익: 거래처에서 돈을 더 넣어줬는데 그냥 우리가 쓰래. 이유가 없으면 잡이익이지.	잡손실: 거래처에서 돈을 더 줬는데 못 돌려주겠대. 그냥 잡손실로 반영하자.

회계상 이익의 반대는 손실이라고 표현한다. 이익의 개념을 익히면 손실은 반대개념을 떠올리면 된다. 건물, 주식, 자회사를 많이 보유한 회사라면 영업외수익·비용 단위가 커질 것이다. 기업은 매출액, 본업이 얼마나 성장하고 있는지가 가장 중요하다. 하지만 그 외에 본업을

통해 번 돈을 영업외수익으로 더 키웠는지, 아니면 영업외비용으로 다 까먹었는지도 확인할 필요가 있다. 그러니 손익계산서를 볼 때는 매출액부터 당기순이익까지 놓치지 말고 흐름을 파악해보자.

Quiz

Q: 회사가 로또에 당첨됐다면, 어떤 계정으로 회계처리를 할까?

A: 잡이익! 로또로 거액의 당첨금을 받았다고 해도 회사와 아무 관련이 없는 불로소득일 뿐이다.

12 / 회계상 남긴 돈과 실제 현금은 다르다

"왜 통장 잔고가 이거밖에 없는지 설명해 주세요."

신입사원 시절 매월 말일 통장 잔고를 대표님에게 보고하는 업무를 담당했다. 그러다 어느 날 대표님에게 메일 한 통을 받았다. 손익계산서상 이익과 현금 잔고가 왜 다르냐는 질문이었다. 처음 그 메일을 읽자마자 든 생각은 '응? 무슨 말씀이시지?'였고, 재차 읽으며 '정말 모르시는 걸까?', '너무 당연한 거라 달리 설명할 방법이 없네'라는 생각이 들었다.

그때 막연히 느꼈다. 대표이사라고 회계를 다 아는 것이 아니고, 회계팀은 정말 외롭다는 것을. 하지만 우리에게는 당연한 사실이, 타 부서에는 당연하지 않을 수 있다는 사실이 오히려 더 당연했다. 그렇다면 이제 남은 것은 하나, 당연한 얘기지만 논리적으로 대표님을 설득해야 했다.

현금은 오직 현금 입출금 이후에 생긴 결과물이니까 간단하다. 그럼 손익계산서 이익과 어떤 차이가 있기에 다른 걸까?

[매출과 매입 ≠ 현금유입과 유출]

회사는 편의점이 아니다. 물건을 사고 파는 동시에 돈을 주고받지 않는다. 계약을 체결하고 계약서에 명시된 지급일에 따라 지급한다. 그러니 당월 이익과 현금 잔고와 연관성이 없다.

[판매비와 관리비 ≒ 현금유입과 유출]

항목에 따라서 현금흐름과 같기도 하고, 다르기도 하다.

퇴직급여 ≠ 현금유출

1년 이상 회사를 다니면 회사는 직원에게 퇴직금을 지급하고, 우리는 퇴직금을 받는다. 퇴직금은 회사 비용이다. 직원이 퇴사하는 시점에 회계에 퇴직금을 반영한다면? 직원의 퇴사 시점은 예상할 수 없기에 회사 입장에서는 언제 큰 비용이 생길지 몰라 불안할 것이다. 그래서 회사는 한 달, 1년 기준으로 퇴직금을 계산하고 회계에 비용으로 반영한다. 하지만 퇴사자가 발생할 때만 지급하니 이 비용은 현금 잔고에 영향이 없다.

상각비 ≠ 현금유출

상각비는 컴퓨터, 책상, 에어컨처럼 비용이 크거나 자산 가치가 있는 물건들을 구매할 때 비용으로 반영하지 않고 5년을 나누어 반영한다고 배웠다. 역시 매월 반영하는 상각비는 현금 잔고에 영향이 없다. 물건을 구매하는 시점에 현금이 나간다.

보험료 ≠ 현금유출

보험료도 상각비와 비슷하다. 보험은 통상 장기 계약으로 진행된다. 돈은 체결하는 시점에 지불하지만 회계에서는 계약기간만큼 보험료를 나누어 비용으로 인식한다. 그래서 현금 잔고에 영향이 없다.

보험은 계약기간 동안 회사에게 경제적 이익을 가져다준다. 그래서 전체 비용을 바로 비용처리하지 않고, 계약기간만큼 나누어 반영한다. 당월 분은 비용으로, 앞으로 남은 기간의 비용은 자산으로 인식하는 것이다.

[영업외수익비용(미실현이익 손실) ≠ 현금유입과 유출]

지분법손익 ≠ 현금유입과 유출

지분법은 엄마에게만 나오는 계정과목이다. 자회사가 이익이나 손실이 났을 경우, 모회사 재무제표에 손실과 이익을 반영한다. 자식 성적이 좋고 나쁨에 따라 엄마 성적도 달라지는 것처럼. 하지만 현금이 오고가지는 않기 때문에 현금 잔액과는 관련이 없다.

환율차이로 인한 환산손익 ≠ 현금유입과 유출

해외 사업자와 거래를 하거나 수출입을 하는 회사는 환율 변화에 매우 민감하다. 환율에 따라 현금으로 입출금되는 금액이 달라지기 때문이다. 환율이 큰 폭으로 내릴 때는 매출이 좋다고 해도 환율 때문에 회사가 문 닫는 일이 생길 수도 있다. 그래서 회계는 이런 환율 차이의 충격을 상쇄시키기 위해 매월 말 환산평가라는 것을 해둔다. 하지만 이 환산평가는 환율 증감에 의한 차이일 뿐 실제 현금거래가 된 건 아니다. 그러니 현금 입출금과는 관련이 없다.

"대표님, 그 이유는요. 손익계산서에는 현금이 나가지 않는 항목이 많아서 그렇습니다. 이는 현금 유입과 유출에 상관없이 발생 시점에 회계처리를 하기 때문인데요. 그래서 당기순이익에 현금화가 되지 않은 이익이 포함되어 있습니다. 하지만 현금흐름표는 오로지 현금 흐름으로 보고서를 만들기 때문에 이 둘은 일치할 수가 없습니다."

대표님 앞에 서면 목소리가 덜덜덜 떨리는 나를 위해 팀장님은 자료를 만들고 브리핑을 하셨다. 우리에게는 당연한 사실을, 타부서에게도 당연한 사실로 만들기 위해.

13 / 회계 원리 : 수익과 비용 대응의 원칙, 실현주의, 발생주의, 현금주의

"땡땡땡"

회사가 아니라 학교에 다시 들어온 것 같다. 내가 친 회계전표는 선임을 거쳐 팀장님까지 통과가 되어야 승인이 완료된다. 하지만 이 단계를 통과하기가 쉽지 않다. 내 손을 떠난 회계전표가 선임의 채점을 그대로 통과되지 못하고 되돌아오면 실망감을 감출 수 없었다. 회계전표는 담당자가 손으로 작성하기 때문에 크로스 체크는 필수다. 사람이 하는 일에는 실수가 있을 수 있으니까. 그래서 늘 숙제 검사를 맡듯이 선임에게 전표를 넘겼고, 선임은 늘 빨간 색연필로 틀린 곳을 체크하곤 했었다. 이번에도 회계전표 하나가 다시 되돌아왔다.

(차변) 매출원가 5,000,000원　(대변) 현금 5,000,000원

비용을 지급한 전표였다. 거래처 요청으로 신제품 홍보를 위해 디자인 업체를 섭외했고, 업무 전에 계약금을 지급하기로 했다. 평소대로 매출원가로 처리했는데 빨간 줄이 쫘악… 하지만 아무리 전표를 들여다 봐도 틀린 이유를 찾을 수 없었다.

"대리님, 이 전표는 왜 틀린 걸까요? 광고에 직접 대응하는 비용이니까 매출원가가 맞지 않나요?"
"매출원가는 맞는데, 매출은 없고 비용만 있잖아. 둘은 같이 반영해야 해."
"왜요???"

선임의 말이 이해되지 않는다. 나의 멍한 표정을 본 선임은 친절하게 다시 설명해줬다.

"이런 걸 수익비용대응의 원칙이라고 해. 수익과 비용은 반영 시기가 일치해야 해. 매출이익을 제대로 계산하기 위해서야."

수익비용대응의 원칙
비용은 그 비용으로 인한 수익이 기록되는 기간과 동일한 기간에 기록해야 한다는 것. 가령 장사를 하기 위해 구입한 상품은 구입 시점에 비용이 되는 것이 아니라 판매돼 수익을 창출하는 시점에서 비

로소 비용이 된다는 것이다.

광고 매출은 1200만 원, 매출원가는 1천만 원이다. 매출반영은 7월에 하기로 협의가 됐다. 하지만 매출원가는 5월에 계약금 50%, 7월에 잔금 50%를 지급한다. 사실 그대로만 회계반영을 하면 이런 오류가 생긴다.

5월
매출 0원
매출원가 5,000,000
_____
손실 -5,000,000

7월
매출 12,000,000
매출원가 5,000,000
_____
이익 7,000,000

5월과 7월을 그대로 합하면 수익이 2백만 원이지만, 하나의 매출에 5월은 손실, 7월은 이익으로 매출이익이 제대로 산출되지 않았다. 하지만 수익비용대응의 원칙으로 회계반영을 하면 이렇게 된다.

7월
매출 12,000,000
매출원가 10,000,000
_____
이익 2,000,000

아, 이제야 이해가 간다. 비용을 들쑥날쑥하게 반영하면 매출이익이 엉망이 되니 매출을 기준으로 비용을 반영하는구나. 이렇게 또 하나의 이론을 획득했다. 선임은 이 외에도 회계에서 중요한 세 가지 이론을 가르쳐줬다.

현금주의

"돈을 받아야 완성이지, 난 현금을 기준으로 반영할 거야."

실제로 현금을 받았을 때 수익으로 인식하고, 현금을 지불했을 때 비용으로 인식하는 방식. 현금흐름표는 현금주의로 작성한다.

발생주의

"무슨 소리야, 매출이 발생했으면 된 거 아닐까? 돈은 나중에라도 받으면 되잖아."

수익과 비용이 모두 발생했을 때 인식하는 방식. 매출이익을 제대로 산출하기가 어렵다.

실현주의

"무조건 발생했다고 다가 아니야, 매출은 실제로 실현했을 시점에 회계반영을 해야 해."

수익과 비용이 발생했더라도 실제로 실현한 시기에 인식하는 방식. 예를 들어 주식이나 토지 등의 가치평가는 실현되지 않았으므로 인식하지 않는다.

친절한 선임 덕분에 순식간에 이론을 얻었다. 실무를 잘 하는 것과 이론을 많이 아는 것은 다른 분야다. 이론을 잘 몰라도 실무감이 좋을 수 있고, 실무는 잘 몰라도 이론이 풍부한 사람이 있다. 하지만 실무가 이론을 만나면 업무 능력치가 쑥쑥 올라가는 것은 확실하니, 일을 하면서도 공부를 게을리하면 안 된다. 이런 조언을 해주는 선임을 만나 참 다행이다.

PART
3

숫자의 비밀 2
〈회계 속 회계 이야기〉

재무제표도
거짓말을 한다 :
횡령

○○은행 직원 700억 원 횡령

△△은행 직원 40억 원 횡령

□□회사 직원 2000억 원 횡령

하루가 멀다 하고 기업 회계담당자의 횡령 뉴스를 접한다. 예전에는 주로 기업에서 횡령 사건이 일어났다면, 요즘은 서민들이 믿고 돈을 맡기는 은행에서까지 횡령 사건이 터지고 있다. 횡령한 사람 대부분은 빚을 갚거나, 투자하는 데 돈을 탕진했다고 한다. 하지만 더 심각하게 생각해 봐야 할 건 개인윤리가 점점 사라져가고 돈의 가치가 인생의 중심이 되는 한, 앞으로 이런 사건은 늘어날 거라는 사실이다.

부자에 열광하는 시대다. 2016년에는 비트코인이 상승하면서 빚을 내서 투자를 하는 사람이 늘었고, 2020년에는 유례없이 아파트 값이 치솟으면서 유행처럼 대출을 받아 아파트를 쇼핑하는 사람이 늘었다. 이러한 분위기 가운데 아파트를 소유하지 못한 사람들은 인생의 패배자가 된 듯 한 상실감을 느껴야 했다. 이유가 뭘까? 우리 삶에서 돈이 차지하는 가치가 높아졌기 때문이다. 갈수록 어린 나이에 경제적 자유를 외치며 재테크를 공부하는 사람이 늘고 있다. 좋은 현상이다. 하지만 일부 사람들은 맹목적으로 부를 쫓으며 쉬운 방법으로 많은 돈을 손에 쥐려고 한다. 이런 분위기가 팽배해지면 너도나도 한탕주의에 빠지게 되고, 횡령이라는 잘못된 결과까지 낳게 되는 것이다.

"어떻게 그걸 모를 수가 있지?"

처음 기사를 접하고 내가 했던 생각이다. 어떻게 그렇게 큰돈이 횡령되도록 방치되었던 것일까? 시스템의 부재일수도 있고, 반대로 시스템이 너무 잘 갖춰져서 그 허점을 이용했을 수도 있다. 시스템도 결국 사람 손을 타야 한다. 일을 하다가 업무 담당자만이 알 수 있는 허점을 이용해 오랜 시간 공들여 작업했을 것이다. 마음만 먹으면 충분히 가능한 일이다.

내가 구직활동을 하던 2000년대만 해도 개인 신원 보증을 요구하는 회사가 있었다. 회계팀은 아무래도 돈을 다루는 부서니까 혹시 모를 사고를 막기 위한 안전장치였다. 가족이 보증을 서거나, 보증보험에서 보증을 받아야 입사를 할 수 있었다. 그래서 개인이 사고를 치거나 돈을 횡령했을 때 보증을 선 이에게 보상을 요구했다. 물론 지금은 사라진 제도다.

회계팀에서 일하면 내 통장과는 거리가 먼, 아니 내가 평생 다뤄보지 못한 돈을 만지게 된다. 회사 통장에서 하루에 몇 십억 원이 들고 나고 카드대금은 한 달에 백억 원대는 기본이다. 이 말은 곧 하루에도 몇 억 원씩 카드결제를 한다는 말. 내 평생 카드를 몇 억 원이나 긁을 수 있는 날이 올까? 지금 내 연봉과 카드 한도를 생각하면 상상도 못할 일이다.

누구는 그 돈을 보고도 아무 감흥 없이 일을 하는 사람이 있고, 누구는 '이 돈이 내 돈이었으면 좋겠다'라고 생각하는 사람도 있다. 빚이 많거나 경제적으로 어려움에 처한 사람이라면 순간적으로 욕심이 생길 수 있는 것이 사람 마음이다. 견물생심이라 했다. 탐나는 물건을 보면 욕심나는 게 사람 마음인데, 만약 당장에 내가 어려운 상황에 처해 있다면 욕심이 더해지지 않을까.

돈 앞에 장사 없다고 했다. 만약 한 개인의 상황이 긴급한 상황이었다면 어떤 나쁜 마음을 먹었어도 이상하지 않을 일이 되는 것이다. 회계팀은 어느 팀보다 신뢰를 바탕으로 일하는 조직이기 때문에 더 철저한 시스템이 필요하다. 같은 직무를 하는 사람으로, 다시는 그런 내용의 기사가 포털 사이트를 장악하는 일은 없었으면 좋겠다.

02 / 진짜 중요한 내용은 주석에 있다

📖 **회계 외계어 바로 알기**

주석: 재무제표를 구성하는 5가지 요소 중 하나로 다른 4개 보고서(재무상태표, 포괄손익계산서, 자본변동표, 현금흐름표)를 더 잘 이해할 수 있도록 추가 정보를 제공하는 보고서

손이 남는 시간이 많았던 신입사원 시절, 팀장님은 내게 종종 과제를 내주셨다. '학생도 아니고 직장인한테 과제라니….' 누군가는 이렇게 말할 수 있지만 회계 전공자가 아니었던 내가 이론공부를 꾸준히 할 수 있었던 것은 과제 덕분이다. 아는 만큼 보인다는 말이 있다. 회사에서는 연차가 높아지면 시야가 넓어진다는 말을 한다. 과제는 내 시야에서 생각할 수 없는 것들을 볼 수 있게 했고, 팀장님이 노렸던 효과도 바로 이거였다.

"윤아 씨, 이 회사의 재무제표를 한번 분석해볼까?"

재무제표 분석이라면 전에도 몇 번 해봤던 일이다. 숫자만 입력하

면 재무비율을 쉽게 구할 수 있도록 엑셀 양식도 만들어 뒀다. 이제 나의 능력을 보여줄 때가 왔다고 생각하니 신이 났다. 바로 자리로 돌아와 컴퓨터를 켜고 회사 재무제표를 찾아보기 시작했다. 다트 전자공시시스템 화면을 열어 회사 이름을 검색한다.

다트에서 찾은 감사보고서를 열고 재무상태표, 손익계산서를 엑셀에 옮기면 필수로 확인해봐야 하는 유동비율, 당좌비율, 비유동비율, 자기자본비율, 부채비율, 매출액총이익율, 총자산이익율, 회전율 등이 계산된다. 양식을 만들어놓으면 이렇게 유용할 수가 없다. 이제 계산된 수치를 표로 다듬어서 보고서를 만들면 된다. '이 회사는 부채비율은 좀 높지만 매출액도 꾸준히 증가했고, 사옥도 있고, 튼튼하고 좋은 회사 같은데….' 내 생각을 추가해서 자료를 완성했다. 당연히 칭찬을 받을 거라고 생각했다. 하지만 팀장님과 선배들의 표정은 애매했고, 나는 당황스러웠다. 알고 보니 이 회사는 지금 부도 위기에 놓여 있다고 했다. 그런데 나는 정반대로 튼튼하고 좋은 회사라고 보고를 한 것이다. 내가 놓친 것은 무엇일까.

"윤아 씨, 주석은 확인해 봤어요?"

맞다, 재무제표에 주석도 있다. 숫자로 표현할 수 없거나, 부연 설명이 필요한 내용은 주석이라는 보고서에 글로 표기한다고 배웠다. 그런데 이 주석이라는 녀석은 너무 길고 내용이 복잡하고 어려워서 대충 훑게 되거나 읽지 않고 넘기게 된다. 그제야 주석을 찾아보니 생각하지 못했던 내용이 있었다. 이 회사는 3년 전에 사옥을 사면서 무리하게 대출을 받았는데, 대출 만기가 코앞으로 다가왔지만 당장 상환할 여력이 없었다. 설상가상으로 대표이사의 신용문제로 대출 연장이 불가능하다는 통보를 받아 회사가 위기에 처했다고 했다. 전기 말 재무제표에 문제가 없었더라도 당장 만기가 다가오는 대출이 있다면 회사 운영에 빨간불이 켜질 수 있다. 나는 그 부분을 간과하고 놓친 것이다. 눈에 보이는 사실을 접하니 얼굴이 화끈거렸다. 팀장님은 지금 이 회사가 위기라는 것을 알고 내게 과제를 낸 것이다. 만약 이게 과제가 아니라 이 회사와 거래를 하기 전이었다면? 내가 의사결정자인데 이 사실을 놓쳤다면? 회사가 잘못된 의사결정을 했을지도 모른다. 이런 위기를 읽어내야 하는 회계팀의 역할이 중요하다는 것을 실감했다.

재무상태표 숫자만으로는 대출 만기일을 표기할 수 없다. 현재 소송 중인 사건이나 보증과 같은 사건도 부연 설명이 필요하다. 그래서 주석이 필요한 것이다. 보통 재무제표라고 하면 재무상태표와 손익계산서만 떠올린다. 하지만 어쩌면 가장 중요한 정보는 주석에 있는 것이 아닐까 생각했다. 책을 사면 부록처럼 딸려 오는 것이라 생각했던 주석이 생각보다 많은 정보를 담고 있었다.

회사를 분석하기에 재무비율도 한계가 있다고 했다. 회사의 상황을 가장 잘 보여주는 것이 재무제표지만, 이 역시도 드러나지 않는 것들이 있어서 다각도에서 살필 줄 아는 시야가 필요하다.

03 회사의 위기 : 자본잠식

📖 **회계 외계어 바로 알기**

자본잠식(부분 자본잠식): 기업이 이익을 내지 못해 자본총계가 납입자본금보다 적은 상태
완전 자본잠식: 기업이 이익을 내지 못해 자본총계가 마이너스가 된 상태

"오늘은 소고기다!"

3월, 연 결산이 마무리되고 본부장님이 회식을 제안하셨다. 이름하여 자축파티. 회사가 작년을 기준으로 오랜 적자에서 벗어나 드디어 잉여금이 플러스로 돌아갔다. 회사 창립멤버였고 어려운 시기에 구조조정까지 강행한 본부장님에게 특별한 일이었나 보다. 모르긴 몰라도 본부장님도 회사숫자가 자식처럼 느껴졌을 거다. 평소답지 않은 들뜬 목소리와 촉촉한 눈가를 보니 말하지 않아도 알 수 있었다.

회사가 오랫동안 적자에 시달렸다. 적자는 그야말로 돈을 못 버는 것. 회사는 이익을 내야 그 돈으로 직원 급여를 주고, 건물 임차료를

내고, 주주에게 배당도 주고, 다음 사업을 위한 투자도 할 수 있다.

여기서 질문, 회사가 돈을 못 벌면 어떻게 운영할까?
① 그동안 벌어놓은 돈으로 버틴다.
② 주주에게 돈을 빌린다.
③ 은행에서 돈을 빌린다.
④ 망한다.

정답은 모두 O다. ① → ② → ③ → ④는 회사가 할 수 있는 방법 순이다. 당분간은 벌어놓은 돈으로 운영하다가, 주주에게 돈을 빌렸다가, 은행에서 빌렸다가, 더 이상 손을 쓸 수 없게 되면 망하는 길을 걷는다. 당장 융통할 수 있는 현금은 재무제표 ≫ 자산 ≫ 현금 및 현금성자산에서 확인할 수 있다. 하지만 벌어놓은 돈은 현금만 가지고 미래가치를 판단하지는 않는다. 그 원천은 자본금에서 나온다.

자본에는 자본금과 이익잉여금이 있다. 자본금은 회사의 종잣돈이다. 종잣돈은 사업을 시작할 때 투자한 금액이고 이익잉여금은 회사가 그동안 벌어놓은 이익을 말한다. 이익잉여금은 회사의 역사를 보여주는 항목이기에 중요하다. 이익잉여금이 +고 금액이 높다는 것은 그동안 회사가 사업을 잘 했다는 것을 의미하고, -라는 것은 어려웠다는 것을 말한다. 우리는 그간의 상황을 매해 손익계산서를 확인하지 않아도 최근 재무상태표만 열어봐도 알 수 있다.

A는 서른 살에 부모님 집에서 독립을 했다. 부모님이 집을 나갈 때 유산이라며 현금으로 1억 원을 주셨다. 그건 A의 자본금이 된다. A는 열심히 직장생활을 했고 1년에 2천만 원씩 돈을 모았다. 올해 2천만 원, 다음 해 2천만 원, 그 다음 해 2천만 원 이렇게 3년을 모았다고 한다면 4년 차에 내 재무상태표의 자본은 1.6억이 되어 있을 것이다. 이중 1억 원은 자본금, 6천만 원은 이익잉여금이 된다.

회사도 마찬가지다. 회사를 설립할 때 주주가 투자한 투자금이 자본금이고, 매년 벌어들인 당기순이익은 이익잉여금으로 들어간다. 회사가 사업을 잘 했다면? 매년 자본금은 늘어날 것이다. 하지만 그 반대라면? 자본금은 마이너스가 될 것이다.

Q: 자본금이 마이너스가 된다는 건 어떤 의미인가요?
A: 회사가 가지고 있는 종잣돈을 계속 까먹고 있다는 걸 의미합니다.

A가 만약 3년 동안 매년 2천만 원을 모으지 못하고 2천만 원씩 적자가 났다고 가정해 보자. 부모님이 주신 1억 원에서 매년 6천만 원을 까먹게 될 것이다. 그렇게 된다면 내 자본금은 줄어든다. 이걸 회계에서는 자본잠식이라고 표현한다. 1억 원을 서서히 까먹으면 부분 자본잠식, 1억 원을 100% 다 까먹었으면 완전 자본잠식이라고 한다.

우리 회사는 오랫동안 이익(당기순이익)이 나지 않아 부분 자본잠식 상태였다. 그러다 그걸 벗어나 자본이 플러스로 돌아간 것이다. 회

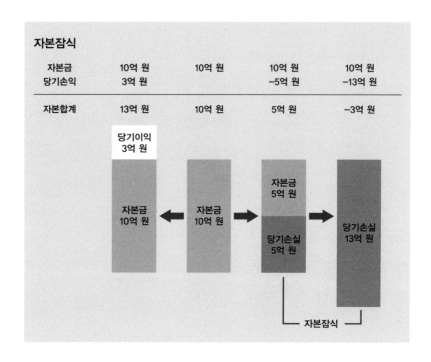

자본잠식

자본금	10억 원	10억 원	10억 원	10억 원
당기손익	3억 원		−5억 원	−13억 원
자본합계	13억 원	10억 원	5억 원	−3억 원

계인의 입장에서 그동안의 마음고생과 드디어 안정기로 접어들었다는 안도감을 누가 공감할 수 있을까. 이 회식의 기쁨은 오롯이 회계팀의 몫이었다.

"그동안 정말 고생 많았어. 오늘은 소고기 배터지게 먹자!"
"네, 아버지! 오늘은 다 잊고 기쁨을 누리세요."

가끔 본부장님에게서 가장의 무게를 본다.

너와 나는 하나야 :
연결회계와 지분법

철수와 영희는 만난 지 5년째다. 오래전부터 결혼을 약속했고, 본격적인 결혼준비에 앞서 서로에게 원하는 것을 담은 혼인계약서를 작성하기로 했다.

1. 결혼 전까지 모은 돈은 각자 어떻게 쓰든지 터치하지 않을 것
2. 결혼 후 소득 관리는 같이 할 것
3. 각자 자기가 번 돈이라고 해도 마음대로 쓰지 않을 것
4. 외박은 절대 금지
5. 살림은 서로 도와가면서 할 것

둘은 합의하에 계약서에 도장을 꾹 찍고 결혼을 진행했다. 이렇게

철수와 영희의 합병이 이루어졌다. 합병은 둘 이상의 기업이 일정한 계약에 의하여 하나의 기업으로 합체하는 것을 말한다. 결혼은 기업에 비유하면 합병에 해당한다. 결혼 2년 후에 철수와 영희는 예쁜 딸을 낳았다. 동그란 눈망울은 영희를 닮고 오똑한 코는 철수를 닮았다. 비로소 완전한 가정을 이루었다. 이렇게 철수와 영희는 자회사를 만들었다. 자회사는 다른 회사에 의해 종속 또는 지배받고 있는 회사를 말한다. 결혼이 합병이라면 둘 사이에서 낳은 아이는 자회사에 해당된다.

모든 회사는 법인으로 법률적으로는 독립된 실체를 가지고 있다. 철수와 영희, 아이도 마찬가지다. 모두 각각 다른 존재다. 하지만 회계는 다르다. 부모를 포함한 자식은 한 가족이므로 경제적 실질을 하나라고 본다. '연결재무제표'라는 개념이 여기서 나온다.

"철수와 영희, 아이는 독립된 인격이지만 너희는 한 가족이잖아. 그러니까 재산은 각각의 재무제표를 합쳐서 연결재무제표를 만들어서 보고해."

이게 회계의 연결재무제표다. 이들이 단순히 가족이기 때문일까? 자세히 들여다보면 다 이유가 있다. 철수, 영희, 아이를 각각 법인이라고 가정해 보자. 철수법인은 아이법인을 키우기 위해 아이법인의 물건을 사들였다. 철수법인의 자산을 늘리기 위해 영희법인의 자금을 무이자로 대여했다. 철수법인의 매출을 늘리기 위해 영희법인에게 불필요한 물건을 사도록 했다. 철수, 영희, 아이는 한 가족이기 때문에 이런 행위가 가능하다. 이렇게 만들어진 재무제표를 그대로 합산해서 연결재무제표를 만든다면 어떻게 될까? 내부에서 발생한 거짓 거래가 포함되어 사람들이 신뢰할 수 없는 재무제표가 될 것이다. 그래서 연결재무제표를 만들 때는 내부거래를 칼같이 골라낸다. 내부거래는 방금 제시한 예시처럼 하나의 회사끼리 거래한 내역을 말한다. 내부거래로 인해 얻은 이익은 회계상 이익으로 인정하지 않는다. 서로의 재무제표를 좋게 만들기 위해 물건을 팔아주고, 돈을 빌려준 내역을 다 삭제하는 것이다.

"모든 회사의 내부거래는 다 거짓인가요?"

답은 NO! 모든 회사의 내부거래가 다 거짓은 아니다. 하지만 회계는 신뢰성이 중요하기 때문에 모든 내부거래를 제거하라고 지시한다. 부모에게 자식은, 가족은 그런 존재다. 다 퍼주고 싶은 것, 그리고 자식이 잘되면 부모의 어깨도 으쓱하다. 회사도 마찬가지다. 내가 투자한 회사가 잘 되는 것을 바라는 것은 인지상정이다. 그러니 이왕이면 내가 투자한 회사의 물건을 팔아주고 싶고, 그 회사의 매출을 좋게 만드는 일에 나설 수밖에 없는 것이다. 그러면 내 실적도 덩달아 좋아진다. '지분법'이라는 개념이 여기서 나온다. 자식의 성적이 곧 부모의 성적이라는 말이 있다. 기업도 마찬가지다. 회계에서는 자회사의 손익을 모회사의 재무제표에 반영하도록 하고 있다. 자회사가 이익이면 모회사의 재무제표에 자회사의 이익만큼 이익을 반영한다. 자식이 성적이 좋으면 부모의 성적표도 +가 되는 것이다. 이는 영업을 통해 얻은 손익이 아니므로 영업외수익·비용에 반영한다.

우리나라 상장 회사는 대부분 자회사를 소유하고 있다. 그래서 본인의 재무제표와 연결재무제표를 동시에 공시할 의무가 있다. 전자공시시스템에서 별도재무제표와 연결재무제표를 동시에 확인할 수 있는 이유가 여기에 있다. 이제 연결재무제표의 개념을 익혔으니 주식 투자를 위해 재무제표를 확인한다면? 연결재무제표를 확인해봐야겠지. 주식은 가족의 성적으로 움직이니까.

실무 TIP

결혼이 합병이라면 둘 사이에서 낳은 아이는 자회사에 해당된다. 모든 회사는 법인으로 법률적으로는 독립된 실체를 가지고 있지만, 회계는 모두 하나다. 가족은 각자의 재무제표를 합쳐서 연결재무제표를 만들어야 한다. 연결재무제표는 내부거래는 제외한다. 자식의 성적은 부모의 성적에 반영한다. 이게 지분법이다.

05 회사를 비교하는 방법 :
재무비율이 중요한 이유

"회사를 판단하는 방법은 여러 가지가 있어. 숫자만으로 비교하기가 애매할 때는 재무비율이라는 것을 구해서 같이 보기도 한단다. 다음 과제는 재무비율을 구해서 좋은 회사를 알아보는 눈을 키워보자."

좋은 회사를 고르기 위해 재무비율을 활용할 수 있다는 사실을 배웠다. 친절한 팀장님은 나를 위해 관련 강의를 찾아서 보내주셨고, 강의를 통해 혼자 공부하는 것보다 더 폭넓은 이론을 배울 수 있었다. 테스트를 위한 팀장님의 과제가 다시 주어졌다.

"이제 재무비율을 공부했으니 지난번에 비교했던 회사로 테스트를 해볼까?"

실무에서 가장 많이 쓰는 재무비율은 크게 다섯 가지로 나뉜다. 안정성, 수익성, 성장성, 활동성, 생산성. 각 키워드에서 풍기는 느낌으로 이렇게 유추해 볼 수 있다.

안정성: 안정적인 회사인가?	안정적이려면 걱정이 없어야지. 그럼 빚이 없고, 가진 것이 많아야 해.
수익성: 수익성이 좋은 회사인가?	그럼 이익이 중요하겠구나. 매출액과 영업이익, 당기순이익을 확인하면 되겠네.
성장성: 앞으로 성장할 회사인가?	매출액이 계속 증가하는지, 자산은 얼마나 불리고 있는지가 중요하겠는 걸.
활동성: 살아있는 회사인가?	자산과 자본을 얼마나 잘 굴리고 있어야 좋아.
생산성: 투입 인원이 적절한가?	인당 얼마나 생산을 하는지 보면 되겠구나. 이건 제조업에서 유용한 지표겠네.

다시 말해 재무비율은 회사가 현금이 얼마나 있는지, 유동자산은 얼마인지, 자본은 튼튼한지, 부채는 적당한지, 자산은 잘 굴리고 있는지, 이익은 잘 내고 있는지 비율을 통해 나타내는 것을 말한다. 하지만 여기서 두 가지 의문이 생긴다.

#궁금증 1

Q: 비율만 구하면 회사를 제대로 파악할 수 있을까? 좋은 비율은 어떤 거지?

A: 그래서 모든 재무비율은 안정적인 표준비율을 제시한다. 우리는 표준비율과 비교해서 회사의 상태를 파악할 수 있다.

#궁금증 2

Q: 회사마다 하는 사업이 다른데, 모든 회사가 표준비율을 적용하는 게 맞을까?

A: 그래서 각 산업의 표준비율도 제시하고 있다. 우리 회사는 광고대행업이기 때문에 기본 표준비율과 더불어 광고대행업 표준비율을 같이 검토한다.

모든 재무비율에는 표준비율이 있지만, 사업별 표준비율도 같이 검토할 필요가 있다. 물건을 판 돈(매출채권)을 6개월마다 받는 사업이라면 매출채권 비중이 높을 것이고, 외상이 아니라 바로 현금을 내야 하는 사업이라면 현금 비중이 낮을 것이고, 물건을 만드는 데 비용이 많이 드는 회사라면 원가율이 높을 거라는 것을 예상할 수 있다. 이처럼 회사마다 사업이 다르니 재무제표의 단위도, 숫자 분포도도 다를 수 있기 때문에 표준재무비율이 존재하는 것이다. 이상적인 부채비율이 200%라고 하더라도, 채무 상환기일이 긴 산업은 부채비율이 높다고 해도 안 좋은 회사라고 말할 수는 없다.

생각보다 재무비율 종류가 너무 많은데, 이걸 다 외워야 할까? 답은 NO! 공식은 외우지 않아도 된다. 키워드만 가지고 비율이 가진 의미를 떠올릴 수 있으면 성공이다. 어렵다고 포기하지 말고 연상으로 의미만 기억하자. 이론은 지루하지만 회계 직무에서 한걸음 더 나아가려면 필수 과목이다. 실무 능력이 물이라면 이론은 영양제와 같은 역할이다. 그만큼 어려운 이론을 배울수록 한 단계 쑥 성장할 것이다.

실무 TIP

1. 안정성: 안정적인 회사인가?

- **유동비율:** 단기 채무를 갚을 능력이 되는가? 150% 이상이면 굿!
  (유동자산/유동부채)*100

- **현금비율:** 현금이 얼마나 되는가? 유동부채를 갚을 능력이 되는지 only 현금으로 판단
  (현금자산/유동부채)*100

- **부채비율:** 자기자본 대비 유동부채가 얼마나 되는가? 100% 이하 굿!
  (유동부채/자기자본)*100

2. 수익성: 수익성이 좋은 회사인가?

- **매출액 영업이익율:** 영업이익을 얼마나 내고 있는가?
  (영업이익/매출액)*100

- **매출액 순이익율:** 당기순이익을 얼마나 내고 있는가?
  (당기순이익/매출액)*100

- **자기자본 이익률:** 자기자본을 활용하여 순이익을 얼마나 내고 있는가?
  (당기순이익/(기초 자기자본+기말자기자본)/2)*100

- **이자보상 이익율:** 회사가 영업이익으로 이자비용을 낼 수 있는가? 100% 이하면 NO!
  (영업이익/이자비용)*100

3. 성장성: 앞으로 성장할 회사인가?

- **매출액증가율:** 전기 대비 매출은 얼마나 증가했는가?
  (당기 매출액/전기 매출액)*100

- **총자산증가율:** 전기 대비 자산은 얼마나 증가했는가?
  (당기 말 자산/전기 말 자산)*100

- **자기자본증가율:** 전기 대비 자기자본은 얼마나 증가했는가?
  (당기 말 자기자본/전기 말 자기자본)*100

4. 활동성: 살아있는 회사인가?

- **총자산회전율:** 총자산대비 매출액이 얼마나 회전하고 있는가?
  1.5회전 이상 굿! 높을수록 자산을 잘 굴리고 있다는 증거
  (매출액/총자산 평균)

- **자기자본회전율:** 자기자본이 1년 동안 얼마나 회전했는가?
  (매출액/자기자본 평균)

- **매출채권회전율:** 매출채권을 잘 받고 있는가? 높을수록 돈이 빨리 돌고 있다는 것을 의미
  (매출액/매출채권 평균)

- **매입채무회전율:** 매입채무를 얼마나 빨리 주는가?
  (매출액/매입채무 평균)

06 / 회계는
엑셀이 반이다

"이걸 엑셀로 직접 만들었다고요?"

보고도 믿을 수가 없다. 회계원장만 가지고 1년 치 분개를 만들어 내다니, 그의 범상한 능력에 회의실이 숙연해졌다. 엑셀이 할 수 있는 일은 어디까지일까?

회계감사를 받을 때 본의 이니게 회계사와 자료를 가지고 밀당하는 경우가 있다. 특히 첫 감사는 처음으로 손발을 맞추는 자리인 만큼 묘한 신경전이 발생하기도 한다. 서로를 건제하며 업무 능력이 어느 정도인지 파악하는 모양새가 마치 정글 같기도 하다. 하지만 그 신경전에서 팀장님이 제대로 항복할 수밖에 없던 일이 있었다.

회계사가 회계처리 확인을 위해 회계전표와 증빙을 요청했지만, 사전에 보낸 자료로 파악할 수 있지 않냐며 도발을 했다. 하지만 회계사는 강적이었다. 하루 만에 회계원장만을 가지고 1년 치 분개처리를 엑셀로 만들어 내고 말았다. 마치 운전을 말로 가르쳤는데 갑자기 도로에 나간거랑 같은 느낌이랄까? 아니면 10년 치 신용카드 사용내역을 하루 만에 사용처별로 분류한 정도라고 해야 하나? 그만큼 쉬운 일이 절대 아니다. 그 회계사는 첫 미팅 때도 요란한 키보드 소리를 내며 정신 사납게 일을 했는데 진정한 엑셀의 신이었던 것이다. 묘하게 신경전을 벌이던 팀장님이 항복할 수밖에 없던 순간이었다.

부끄러운 이야기지만, 나는 입사하고 엑셀을 제대로 배웠다. PPT는 대학에서 과제를 하면서 익혔지만 엑셀은 다룰 일이 없었다. 하지만 회사에서의 업무는 그야말로 엑셀 지옥이다. 엑셀로 시작해서 엑셀로 끝난다고 해도 과장이 아니다. 전쟁터에 나가려면 총이 필요하고, 요리사에게는 미각이 필요하고, 운전하려면 면허가 필수다. 계산을 업으로 삼는 회계팀은 계산기와 엑셀이 필수다. 그럼 회계에서 가장 많이 사용하는 함수를 무엇일까?

SUM	합계	피벗	취합하기
SUMIF	합계를 조건걸기	DATE	날짜 넣기
VLOOKUP	세로 방향, 원하는 값 골라내기	ROUNDUP	소수점 올리기
HLOOKUP	가로 방향, 원하는 값 골라내기	ROUNDDOWN	소수점 버리기
IFERROR	에러 잡아내기	COUNT	개수 세기
IFS	조건걸기	RANK.EQ	순위 구하기
AVERAGE	평균값 구하기	RANK.AVG	순위가 같다면 평균값 구하기

화려하고 어려운 함수도 좋지만, 회계에서 자주 쓰는 유용한 함수 정도는 알아두는 것이 좋다. 하지만 당시 회계사가 사용한 엑셀은 우리가 쓰는 일반적인 함수가 아니었다. 그때 나는 SUM, VLOOKUP 정도만 사용할 수 있었기에 회계사가 얼마나 대단해 보였겠는가. 그 일을 계기로 엑셀의 세계가 넓다는 것을 제대로 배웠다.

회계에 입문하고 싶다면, 불필요한 자격증 공부로 시간을 보내지 말고 실무에 유용한 함수를 공부하는 것이 어떨까. 오히려 그게 자기소개서에서 자격증보다 더 도움이 되는 한 줄을 채워줄 수 있다. 덧붙여 실무에서 자주 쓰는 함수에 대한 언급도 한다면 확실한 인상을 심어줄 수 있을 것이다.

부가세 :
기업은 부가가치를 만들어
이익을 창출한다

📕 **회계 외계어 바로 알기**

부가세: 기업이 만들어내는 부가가치에 부과되는 세금. 공급가액의 10%로 계산한다.

"우리는 사용한 광고비에 10% 부가세를 붙여서 광고주에게 청구합니다."

마케팅을 대상으로 회계 교육을 할 때 내가 하는 단골멘트다. 그러면 어김없이 질문이 쏟아진다.

"왜요? 왜 10%를 더 달라고 해야 해요?"

마케팅 친구들은 회사에서 10%만큼 광고주에게 돈을 뜯어내는 줄 안다. 부가세의 개념이 없으니 그럴 수밖에. 이처럼 현업에서 가장 많이 접하지만 헷갈려하고 어려워하는 것이 부가가치의 개념이다. 하지만 부가세는 실생활 속에 있다. 우리는 소비를 할 때 부가세를 지불하고 있다. 노트북, 핸드폰, 자동차 같은 큰 물건뿐 아니라 편의점에서 과자를 사먹을 때도 부가세를 내고 있다.

여기 부품회사와 삼성전자가 있다.
부품회사: 자체 생산한 부품을 삼성전자에 5천 원에 판매
삼성전자: 부품을 5천 원에 사서 기술력을 더해 소비자에게 핸드폰을 1만 원에 판매

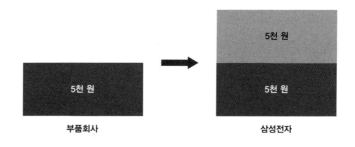

부품회사는 자체 생산한 부품을 삼성전자에 5천 원에 판매했다. 삼성전자는 부품을 사들여 거기에 기술을 더해 5천 원의 부가가치를 만들어 1만 원에 소비자에게 판매한다. 여기서 사고 팔 때 세금이 발생하는데 그 세금을 부가가치세라고 부른다.

부가가치세는 상품의 거래나 용역을 제공하는 과정에 얻어지는 소득에 대해서 과세하는 세금이다. 이 소득을 공급가액이라고 부르고, 부가세는 공급가액의 10%로 계산한다. 사업자는 매출세액에서

매입세액을 차감해서 관할 세무서에 납부한다. '공급가액? 매출세액? 매입세액?' 벌써 머릿속에 물음표가 가득하다. 차근차근 개념을 정리해 보자.

공급가액: 부가가치 소득, 부가가치가 포함되지 않은 물건 가격
매출세액: 내가 판 것, 회사가 판매하는 물건에 붙는 부가세(세금)
    → 매출 해당
매입세액: 내가 산 것, 회사가 사온 물건에 붙는 부가세(세금)
    → 매입, 원가, 비용, 판관비 해당

대부분의 물건에는 부가세라는 세금이 붙고, 내가 파는 물건에는 매출세액, 내가 사는 물건에는 매입세액이 된다. 그럼 부가세가 어떤 식으로 계산되고 세금으로 납부될까?

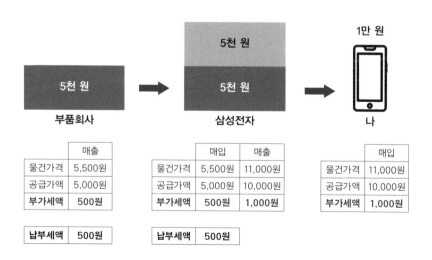

부품회사는 삼성전자에서 5,500원을 받아서 500원을 세무서에 납부하고, 삼성전자는 부품회사에 5,500원을 주고 소비자에게 11,000원을 받아서 세무서에 500원을 납부한다.

"어? 뭔가 이상한데요? 그럼 부가세는 나만 내는 건가요?"

예리한 질문이다. 그렇다. 결국 부가세는 최종 소비자가 낸다. 대부분의 사람들이 오해하는 것 중의 하나가 부가세를 사업자가 내는 세금이라고 여기는 것이다. 사실 그것은 잘못된 오해다. 최종 소비자가 부담하는 것이고 사업자는 이 돈을 대신 받아서 낼 뿐이다. 부가세는 이런 식으로 거래 상대방에게 전가되어 마지막에 소비자가 부담하는 식으로 설계되어 있다.

그렇다면 왜 소비자에게 직접 걷지 않고 사업자에게 책임을 전가하는 걸까? 일반 소비자에게 신고를 하라고 하면 제대로 안할 수도 있고, 신고가 누락됐다고 한들 일일이 찾아서 소비자에게 청구를 할 수 없다. 만약 이렇게 시스템이 돌아간다면 우리나라 세무공무원이 폭발적으로 늘어날지 모른다. 이렇듯 세무행정이 복잡해지기 때문에 담당자를 판매자로 지정했다. 그리고 모든 품목이 부가가치세에 해당되는 것은 아니다. 우리가 먹고 쓰는 생필품은 면세(세금이 면제되는)상품이 있는데 소비자가 일일이 일기 힘들다. 그래서 사업자를 책임자로 정하고, 신고 납부의 책임을 전가한 것이다. 만약 사업자가 이를 간과하고 신고를 안 한다면? 처벌을 받거나 벌금을 내야 하니 주의가 필요하다.

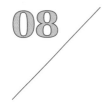

08 / 부가세법의 강력한 효력을 갖고 있는 무시무시한 증빙 : 세금계산서

"부가세가 세금이고 왜 내야하는지는 알겠는데, 그걸 어떻게 내요? 물건 하나 팔면 세무서에 가져다 내는 거예요?"

만약 그런 상황이 생길 것을 대비하여 국세청은 '세금계산서'라는 것을 만들었다. 여기서 세금계산서란 재화 또는 용역을 공급하고, 이에 대해 부가가치세를 포함하여 거래하였다는 사실을 확인하는 문서이다.

그렇다. 우리는 거래를 할 때 세금계산서를 주고받는다. 부가세는 세금이라고 했다. 세금을 신고하고 납부하려면 누가, 누구에게, 어떤 물건을, 얼마에, 언제 사고 팔았는지에 대한 기록이 필요하다. 그 내용을 세금계산서에 기록해서 판매자 한 장, 구매자 한 장 사이좋게 나

뭐 갖는 것이다. 일종의 증빙이다. 부가가치세법의 강력한 효력을 갖고 있는 무시무시한 증빙이랄까.

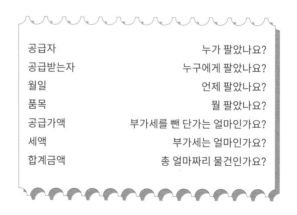

전자세금계산서					승인번호				

세금계산서는 이렇게 생겼다. 여러 항목 중에 아래의 항목은 필수로 입력해야 한다. 누락하면 가산세 대상이 될 수 있으니 주의가 필요하다.

공급자	누가 팔았나요?
공급받는자	누구에게 팔았나요?
월일	언제 팔았나요?
품목	뭘 팔았나요?
공급가액	부가세를 뺀 단가는 얼마인가요?
세액	부가세는 얼마인가요?
합계금액	총 얼마짜리 물건인가요?

세금계산서는 판매자가 작성해서 구매자에게 준다. 우리가 편의점에서 과자를 사고 영수증을 받는 이치와 똑같다. 내가 물건을 사고 편의점 주인에게 영수증을 주지는 않는다. 회사는 판매한 물건을 기록해서 세금계산서를 발행하고, 구입한 물건에 대해 발행받은 수백 개의 세금계산서를 분기별로 모아서 세무서에 신고하는 것이다. 매출세액에서 매입세액을 빼고 납부를 하므로, 매출이 많으면 납부하고, 매입이 많으면 환급받는 구조로 진행된다.

Q: 세금계산서를 어떻게 발행하나요? 설마 종이로 하는 건 아니죠?

A: 네, 아닙니다. 전자로 주고받아요. 하지만 몇 년 전만 해도 종이로 주고받았답니다.

현재 모든 세금계산서는 전자로 발행한다. 국세청 홈택스에서 발행하면 무료, 다른 업체를 사용하면 건당 비용이 발생한다. 하지만 발행 건수가 많은 회사라면 무료보다는 유료 사이트가 장점이 많으니 참고!

Q: 판매자가 세금계산서를 안 주면 어떻게 되나요?

A: 구매자가 세금계산서를 발행해서 신고할 수도 있습니다.

이런 일이 적지 않게 일어나서 '역발행 세금계산서' 제도가 도입됐다. 구매자 입장에서 매입세금계산서는 중요하다. 매출세액에서 매입세액을 빼고 부가세를 납부하기 때문에 매입세액은 공제를 많이 받을 수록 좋다. 그러니 세금계산서를 알뜰하게 챙겨야 한다.

Q: 공급가액과 부가세는 어떻게 나누는 건가요?
A: 부가세는 공급가액의 10%입니다. 이런 산식을 계산할 수 있습니다.
공급가액 구하기: 물건 가격이 1만 원이라면 10,000/1.1=9,091
부가세 구하기: 물건 가격이 1만 원이라면 10,000/11=909

세금계산서와 부가세는 세법과 직결된 것이기 때문에 어렵게 느껴질 수 있다. 하지만 거래처 담당자와 매출과 세금계산서에 대해 커뮤니케이션을 하는 부서는 영업부서다. 그러니 영업부서도 기초 상식은 필요하다. 매출을 내야하는 영업부서에서 공급가액과 부가세도 구분을 못한다면 어떤 거래처가 신뢰하고 일을 같이 할 수 있겠는가.

당장 어제 산 물건의 카드영수증을 확인해 보자. 판매자 사업자등록번호, 판매자 상호, 판매일자, 공급가액, 부가세가 표기되어 있다. 카드영수증도 판매자가 구매자에게 주는 또 하나의 세금계산서다. 그러니 어렵게 생각하지 말고 일상에 대입해서 기억해두면 좋겠다.

회사가 내는 세금 : 세무조정과 법인세

📖 **회계 외계어 바로 알기**

세무조정: 기업의 이익을 기본으로 하여 세법상의 과세 소득을 계산하는 일
법인세: 법인의 소득을 과세대상으로 하여 법인에게 부과하는 조세

"대리님, 저희는 왜 법인세를 이거밖에 안 내나요?"

"법인세는 당기순이익을 기준으로 내는 게 아니라 세무상 이익으로 계산하기 때문이야."

3월 말, 법인세 납부 고지서를 받고 궁금한 마음에 선임에게 물었다. 법인세는 이익의 10~22%를 내는 거라고 배웠는데, 올해 이익에 비해 납부 금액이 터무니없이 낮았기 때문이다. '세무상 이익? 또 다른 이익이 있는 건가?' 선임의 대답에 물음표만 더 생겼다. 재차 질문을 하니 선임은 그런 내게 어떻게 설명해야 할지 어려운 눈치였다. 회계의 세계는 참 알쏭달쏭하다. 회계상 남긴 이익과 실제 현금이 다르다고 배웠는데, 회계상 남긴 이익은 세무상 이익과도 다르단다. 대체

회계가 남긴 이익이 감춘 비밀은 어디까지인 걸까?

회계상 남긴 이익과 현금의 차이는, 실제로 돈이 오고 갔느냐의 차이였다. 세무도 비슷한 맥락이다. 실현된 이익인지, 희망하는 이익인지 차이를 생각하면 된다. 예를 들어, 내가 가진 주식이 오늘 1주당 100원이 올랐다고 하자. 매도하지 않았다면 그건 내 것이 아니다. 하지만 회계는 다르다. 실현되지 않았다고 해도 내가 가지고 있는 자산 가치가 올랐다면 이익으로 반영해야 한다. 소유하고 있는 아파트도 마찬가지다. 1억 원이 올랐어도 매도하지 않으면 내 것이 아니다. 하지만 회계는? 내 수익이 1억 원이 됐다고 반영한다.

세금은 번 돈으로 내는 것이다. 하지만 당기순이익에는 실제 실현되지 않은 이익과 비용을 포함하고 있다. 그래서 법인세를 계산하기 위해 세무상 이익을 구해야 하는 것이다. 세무상 이익은 과세표준이라고 부른다. 그러니 법인세의 시작은 과세표준을 구하는 것부터 시작한다. 어떻게? 여기서 세무조정이라는 절차가 등장한다. 과세표준을 구하기 위해 회계상 이익을 기준으로 실현된 이익은 더하고 실현되지 않은 이익은 빼는 조정절차를 거치는데, 이를 세무조정이라고 부른다.

회계: 매월 발생한 이자수익과 이자비용을 반영한다.

세무: 진짜 이자를 주고 받지 않았으면 빼.

회계: 이번 달 환율이 올랐잖아. 받을 돈이 늘었으니까 계산해서 반영해.

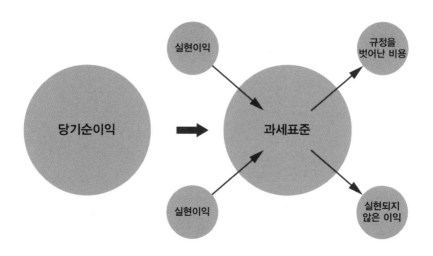

세무: 실제 늘어난 게 아닌데 왜 환율차이를 반영해? 원래대로 돌려 놔.

회계: 가지고 있는 주식이 올랐잖아. 올랐으면 회계에 반영해야지.

세무: 또, 또 팔지도 않았는데 뻥튀기 했네. 주식 판 것도 아니잖아. 산 금액으로 돌려 놔.

회계: 쓴 비용은 다 판관비로 처리해야 해.

세무: 그럼 세금 안 내려고 다 비용처리 할 거지? 깐깐하게 볼 거야. 특히 접대비는 한도만큼만 비용으로 인정해 줄 거야.

회계: 거래처에서 돈을 안 준대? 그럼 없애버려.

세무: 왜 마음대로 채권을 없애? 정당한 건지 따져보고 아니면 원복할 거야.

회계: 직원한테 무이자로 돈 빌려줬는데 그건 괜찮지?

세무: 절대 안 되지. 공짜는 안 돼! 이자 계산해서 직원 소득으로 넣어.

세무조정의 예다. 조정 단계를 거치면서 비용을 추가하는 것을 손금 산입, 익금 불산입이라고 표현하고, 이익에 추가하는 것을 익금 산입, 손금 불산입이라고 한다. 손금은 비용, 익금은 이익이다. 이런 조정을 거쳐 세무상 이익, 과세표준을 구하고 이 과세표준을 기준으로 법인세를 계산한다.

회계는 발생주의다. 발생한 사건을 회계기준에 따라 기록한다. 반면, 세무는 실현주의다. 실제 있었던 사건만 세무기준에 따라 기록한다. 이 차이를 꼭 기억하자.

PART

4

숫자의 비밀 3
〈생활 속 회계 이야기〉

13월의 월급?
13월의 세금? :
연말정산

"아, 전 올해도 월급을 도둑맞았어요."

"저도 그래요. 정말 나라에서 알차게도 떼어가네요."

미혼인 후배들은 연말정산 때문에 2월만 되면 울상이다. 결혼자금을 모으기 위해 저축을 하느라 쓰는 돈이 없는 후배는 늘 납부 대상이다. 돈을 쓰지 않아서 세금을 더 내야 한다니, 참 아이러니하다.

1월이 되면 직장인은 회사에서 내려오는 연말정산 공지 때문에 바빠진다. 신입사원에게는 낯선 용어의 숙제, 경력직에게는 1년에 한 번 연중행사처럼 찾아오는 머리 아픈 절차다. 연말정산으로 인해 급여를 더 받기도, 덜 받기도 한다는 것쯤은 알고 있지만 연말정산의 구조를 제대로 이해하는 사람은 드물다.

급여명세서를 열어보자. 우리는 매월 계약된 급여에서 소득세, 4대 보험을 차감하고 통장으로 지급받는다. 여기서 소득세는 말 그대로 소득에 대한 세금이다. 이 세금의 기준은 급여다. 근로소득자는 소득이 명확하기 때문에 국가 입장에서는 세금을 제때 납부하는 성실 납세자다. 하지만 세금을 미리 떼이고 남은 돈으로 생활하는 근로소득자는 억울하다. 내가 실제 쓰는 돈에 비해 세금을 너무 많이 내는 것 같다. 연말정산은 그런 근로소득자를 위한 제도다.

"세금을 미리 떼어가지만, 쓴 돈을 검토해보고 세금을 돌려줄게."

이게 연말정산의 기본 취지다. 급여라는 소득 기준으로만 냈던 세금을, 내가 연간 쓴 비용을 감안해서 소득세를 다시 계산한다.

연말정산은 13월의 월급이라고 부른다. 하지만 반대의 경우에는 13월의 세금이라고 부른다. 그런데 여기서 중요한 사실은 나라로부터 공돈을 돌려받는다는 개념이 아니라, 내가 낸 세금 안에서 돌려받는다는 사실이다. 그리고 무작정 돈만 많이 쓴다고 해서 세금을 돌려받을 수 있는 것도 아니다. 연말정산은 "열심히" 일하는 근로자를 위한 제도다. 연봉 5천만 원을 받는 A씨가 명품을 사느냐고 신용카드로 5천만 원을 썼다고 해서 소득세를 다 환급해주지는 않는다. 계산은 철저하게 나라가 정해놓은 규정 안에서 이루어진다.

이렇게 연간 쓴 모든 비용을 다 적용해주는 것도 아니다. 국세청이 부양가족이 많아요.

그래, 환급해줄게. 하지만 경제력이 있는 부모님은 부양가족으로 인정해 줄 수 없어.

보험료를 많이 냈어요.

그래, 보험료도 너무 많지? 환급해 줄게.

신용카드로 생활비를 많이 썼어요.

그래, 환급해줄게. 하지만 다 해줄 수는 없어. 네가 받는 급여에서 15%를 초과한 금액에서 일정금액만 인정해 줄 거야.

주택담보대출이 있어요.

집 사느라 고생했구나. 그것도 해 줄게. 그런데 한도만큼만 해줄 거야. 다른 대출은 안 돼.

청약과 연금저축이 있어요.

집사려고 드는 적금이랑 노후를 위한 적금은 아주 좋아. 내가 어느 정도 공제해 줄게.

올해 아파서 병원을 많이 갔어요.

힘들었겠다. 병원비도 당연히 해 줘야지.

아이가 있어요.

키우느라 힘들지? 교육비도 해 줄게. 근데 학원비는 안 되는 거 알지?

기부를 했어요.

정말 대단해! 기특하니까 환급해 줄게.

정해놓은 기준이 있고, 그 기준에 따라 과세표준을 계산하고 소득세를 다시 계산한다.

보통 연말정산을 싱글세라고 말하기도 한다. 아이가 있는 기혼자는 해당되는 공제 항목이 많지만 싱글은 적어서 세금을 더 납부하는 경우가 많기 때문이다. 그래서 2월만 되면 늘 울상이 된다. 그들에게는 13월의 급여가 아니라 13월이 세금이 되는 셈이니, 그럴 수밖에.

현금결제? 카드결제?
뭐가 더 유리할까?

한번쯤 이런 경험이 있을 것이다.

"현금으로 결제하면 10만 원인데요. 카드 결제나 현금영수증 발급하려면 11만 원입니다."

이럴 때마다 정말 따져 묻고 싶다. 당장 내 지갑에서 현금이 더 나간다는 것은 뭔가 손해를 보는 느낌이다. 그래서 잠깐 고민에 빠지지만 어느 쪽이 이득인지는 판단하기는 어렵다. 일반인은 부가세와 연말정산에 대한 이해가 부족하기 때문이다. 우리는 앞에서 연말정산과 부가세에 대해 배웠다. 한번 따져볼까?

부가세는 물건 값의 10%로 계산되는 세금이라고 했다. 다시 말해 부가세는 나라에 내는 세금이지, 판매자의 것이 아니다. 판매자는 소비자에게서 10% 부가세를 걷어 그대로 나라에 납부할 뿐이다. 그렇다면 판매자의 것도 아닌데 왜 부가세를 가지고 흥정을 하는 걸까? 여기에는 탈세라는 비밀이 숨겨져 있다. 소비자가 부가세를 빼고 현금으로 결제를 한다는 것은, 소비자는 10%의 세금을 부담하지 않는다는 것을 의미하고, 판매자는 그 판매 물건을 매출로 나라에 신고하지 않는다는 것을 의미한다. 이건 탈세다. 편법의 거래로 이중 탈세가 이루어지는 것이다. 이런 탈세가 이루어지면 안 되겠지만 아직도 시장에서는 이런 거래가 이루어지고 있다.

연말정산은 급여라는 소득 기준으로만 냈던 세금(소득세)을, 내가 연간 쓴 비용을 감안해서 다시 계산하고 환급받거나 더 납부하는 제도다. 연봉 4천만 원을 받고, 신용카드를 4천만 원 쓰는 A씨, 4천만 원 중 연말정산 혜택을 받는 금액이 얼마일까?

신용카드 소득공제는 연간 소득의 25%를 초과분에 대해서만 가능하다. 연간 소득이 4천만 원이라고 한다면, 4천만 원의 25%, 1천만 원 이상 사용분이 소득공제 대상이다. 내가 연간 신용카드로 4천만 원을 썼다고 해도 그걸 다 인정해주는 것은 아니다. 1천만 원 초과분인 3천만 원이 대상 금액인 것이다. 그런데 여기에는 또 허들이 있다. 또 3천만 원에서 15%만 해준다. 이해할 수 없지만 법이 그렇다.

신용카드 소득공제 대상 금액:
(연간 신용카드 사용금액−연간 소득의 25%)*15%

3천만 원에서 15%를 곱하면 450만 원이다. 하지만 여기에는 또 공제 한도라는 것이 존재한다. 신용카드 공제한도는 3백만 원이다. 450만 원이 나왔더라고 해도 공제한도인 3백만 원 만큼만 비용으로 인정해준다. 다시 역산하면 연봉 4천만 원인 A씨는 신용카드를 3천만 원을 써야 소득공제를 알차게 받을 수 있다. 3천만 원 이상 사용한다고 해도 더 이상 연말정산을 받을 수 없다. 여기에 체크카드, 전통시장 사용분을 감안하면 계산금액은 달라진다.

신용카드 소득공제 대상 금액:
(연간 신용카드 사용금액−연간 소득의 25%)*15% 〈 Max 3,000,000원

이것도 3백만 원을 돌려준다는 개념은 아니다. 3백만 원에서 다시 세율을 곱하고 연간 벌어들인 돈과 쓴 돈을 계산해서 최종적으로 내야하는 소득세를 결정한다. 그래서 연간 소득의 25%까지는 신용카드로 사용한 후 연간 소득의 25% 초과분부터는 공제율이 30%로 신용카드보다 높은 체크카드나 현금을 사용한다면 소득공제의 효율을 높일 수 있다.

사실 이 계산식은 말만 들어도 복잡하고 계산을 하려면 더 복잡하다. 복잡하고 어렵다는 것은 그만큼 근로자에게 덜 돌려주기 위한 큰 그림이 아닐까. 그러니 연말정산 때문에 소득세를 돌려받기 위해

무조건 카드로 계산해야 한다는 것은 답이 아닐 수 있다. 이렇듯 직장인들이 자신에게 유리한 쪽이 무엇인지 따지려면 본인이 연간 얼마의 소득세를 내고 있는지부터 인지할 필요가 있다. 하지만 이런 질문도 생길 수 있다.

"나는 소득세를 내지 않는 사람인데 현금 내는 것이 더 유리한 거 아닌가요?"

정답! 이 경우에는 무조건 현금 결제가 유리하다. 어차피 돌려받을 소득세가 없으니, 신용카드 실적을 채워야 하는 경우가 아니라면 부가세만큼 현금을 덜 내는 게 유리할 수 있다. 하지만 건강한 경제를 이루려면 현금 결제든 카드 결제든 정당하게 세금신고를 할 수 있도록 선택하는 것이 좋지 않을까.

03 / 종합소득세를 납부하는 그대, 그저 부러운 사람

평소에 친한 인사팀 직원이 하소연을 했다.

"직원 중에 연말정산 부정신고가 있다고 회사에 우편물이 왔어요."
"부정신고요? 그럼 어떻게 되는 건데요?"
"다시 신고 해야죠."

그녀는 생각지 못한 귀찮은 일이 생겼다며 불만을 쏟아 냈다. 누구냐고 물었는데 아직 확인을 하지 못했다며 단단히 벼루는 눈치였다. 대화를 하는데 이상하게 불안한 마음이 들었다. 바로 홈택스에 로그인을 했다(홈택스는 국세청에서 운영하는 세금 신고·납부·조회가 가능한 홈페이지를 말한다). 역시 슬픈 예감은 틀린 적이 없다. 로그인을 하자마자 바로 팝업창이 뜬다.

"귀하에 대한 근로소득 연말정산 신고내용을 검토한 바, 오류 혐의가 있는 것으로 분석되어 아래와 같이 안내합니다."

범인은 바로 나였다. 오류 내용은 인적공제를 받았던 아빠의 소득. 아빠에게 내가 모르던 소득이 있었고, 소득공제를 받은 내가 국세청 레이더망에 걸린 것이다(연말정산 인적공제는 부양가족이 소득이 없거나, 터무니없이 낮아야 가능하다).

"아, 연말정산 할 때 월세를 빠뜨렸어요. 다시 신고할 수 없나요?"
"개인사업자는 연말정산을 할 수 없는 건가요?"
"프리랜서도 공제해 주세요. 저도 돈 많이 써요."
"저는 근로소득 외에 추가 소득이 있는데요. 이거 신고 안 해도 되는 건가요?"

이런 사람들을 위한 신고제도가 있다. 바로 종합소득세다. 사실 종합소득세는 연말정산이 목적이 아니라 세금을 자진 신고하는 데 목적이 있다. 우리나라의 모든 세금은 자진신고 방식을 취하고 있다. 주민세, 자동차세, 재산세, 근로소득세 같이 과세 대상이 확실한 경우는 나라에서 고지하지만, 양도세, 증여세, 부가세처럼 금액이 불분명한 경우에는 개인이 자진신고를 하게 되어 있다. 제대로 신고하지 않으면, 후에 걸릴 경우 어마어마한 가산세를 내야 한다.

우리가 가장 쉽게 접하는 자진신고는 관세다. 해외여행을 갔다가 돌아오는 비행기에서 승무원이 나눠주는 용지, 해외에서 산 물건을 적어야 하나, 말아야 하나 고민했던 경험이 한 번쯤은 있을 것이다. 이 것도 세금이다. 안 걸리겠지 하고 신고를 안했다가 검색대에서 뺏기거나 세금을 추징당한다.

근로소득자는 회사에서 소득세를 내니까 종합소득세 대상이 아닐 거라고 생각하지만, 이건 잘못된 생각이다. 근로소득세는 월급에 대한 소득일 뿐이다. 월급 외에 추가 소득이 있다면 반드시 종합소득세를 통해 신고를 해야 한다. 그럼 추가 소득의 종류는 어떤 것이 있을까?

이자소득

예금이자가 연간 2천만 원을 넘는 경우 종합과세 대상이다. 우리는 예금이자를 수령할 때 15.4%의 세금을 뗀다. 하지만 이 이자 소득이 2천만 원이 넘어간다면, 다른 소득과 합산해서 세금을 납부해야 한다. 우리가 내는 소소한 이자는 분리과세라고 말하고, 2천만 원이 넘어가는 금액은 종합과세를 한다고 말한다.

배당소득

배당소득은 주식을 사고 기업으로부터 받는 배당금을 말한다. 이자소득과 마찬가지로 2천만 원 이상은 종합과세 대상이다.

연금소득

연금을 받을 때 발생하는 소득으로, 1200만 원 초과 시에 종합과세 대상이다.

임대소득

임대소득은 월세소득이다. 모든 월세를 신고해야 하는 것은 아니고, 2주택자 이상, 9억 원 이상 주택을 소유한 사람이 월세소득이 있는 경우 근로소득과 합산해서 종합과세 신고를 해야 한다.

사업소득 + 기타소득

근로소득 외에 추가 소득을 말하며, 소득 형태에 따라 사업소득과 기타소득으로 나뉜다. 쉬운 예로, 회사에 다니면서 프리랜서를 겸하는 경우나 경품에 당첨됐을 경우가 해당된다. 이렇게 직장인이 회사 급여 외에 추가 소득이 발생했다면 종합소득세를 통해 소득을 합산 신고해야 한다.

여기에 나처럼 연말정산 신고를 잘못했을 때 다음 해 5월, 종합소득세를 통해 신고를 수정할 수 있고 개인사업자나, 프리랜서도 종합소득세를 하면서 연말정산을 진행할 수 있다.

"자진신고면 개인이 신고하는 대로 세금을 낸다는 이야긴데, 소득을 좀 줄이고 세금을 덜 내면 좋지 않아요?"

가끔 이렇게 생각하는 사람이 있다. 하지만 이건 탈세다. 대한민국 국세 행정이 그렇게 허술하지 않다. 그런 사람들을 위한 페널티가 종류별로 준비되어 있다. 물론 페널티는 돈이다. 가산세라는 무시무시한 돈. 그러니 걸려서 더한 가산세 폭탄을 맞지 말고 제대로 정직하게 신고를 해야 한다. 그럼 가산세가 얼마나 무서운지 짚고 넘어가보자.

무신고 가산세	신고를 안했어? 납부세액의 20% 더 내!
과소신고 가산세	적게 신고했어? 납부세액의 10% 더 내!
부정신고 가산세	나를 속였어? 납부세액의 40% 더 내!
납부지연 가산세	납부일자 늦었으면 경과일수만큼 이자 더 내!

나라가 이렇게 무섭다. 나도 소득세를 추가로 납부하면서 납부지연 가산세까지 알뜰하게 챙겨서 납부했다. 우리나라 국세청 정보가 얼마나 빠르고 정확한지 제대로 실감했던 일이다. 연말정산을 할 때 인적공제는 국세청 레이더망에 빠르게 포착된다고 하니 주의가 필요하다. 재산이 많은 분들의 탈세가 늘어서 그런 걸까. 요즘은 가족 간에 용돈이나 생활비를 계좌이체해도 증여세를 부과하는 세상이라고 한다. 소득을 숨길 수 없는 근로소득자는 살짝 억울하긴 하지만, 나라는 세금으로 운영된다. 그러니 우리 모두 건강한 사회를 위해 성실 납부를 하면 좋겠다.

04 / 슬기로운 세금 이야기

우리가 나라에 세금을 얼마나 내고 있는지 문득 궁금해진다.

대한민국에 사는 평범한 직장인 A씨, 작은 중소기업 다니고 있고, 집과 차를 소유하고 있다. 어떤 세금을 내고 있을까?

매월 내는 세금은 소득세다. 급여를 받을 때 쥐도 새도 모르게 차감해서 통장으로 받는다. 7월과 9월에는 아파트 재산세를 낸다. 소유자의 부담을 덜기 위해 7월에는 건축물, 9월에는 토지에 대한 세금으로 나누었다. 자동차를 소유한 사람은 6월, 12월에 자동차세를 낸다. 자동차세도 부담을 덜기 위해 연간 2회로 나누었다. 8월에는 주민등록주소지에서 주민세를 내라는 고지서가 오고, 퇴근하고 마시는 맥주에도 주류세가 붙어 있다. 가만 보면 개인이 세금 납부에 부담을 느끼지 않도록 연간 세금 스케줄이 촘촘하게 짜여있는 것 같다.

내가 소유하고 있는 아파트를 팔았을 때 아파트 가격이 올랐다면 양도세를 내고, 내 재산을 아이에게 준다면 증여세를 내고, 할아버지가 돌아가시면서 나에게 재산을 물려주시면 상속세를 낸다. 담배에는 담배세가 있고, 내 명의로 자동차, 집을 구매하게 되면 취득세와 등록세를 낸다. 자동차는 개별소비세를 별도로 낸다. 은행에서 예금 이자를 받으면 14%의 이자 소득세를 내고, 여기에 10% 주민세가 가산되어 15.4%의 세금을 낸다. 퇴직하면 퇴직금에는 퇴직소득세가 붙고, 증권을 거래하면 증권거래세가 붙고, 세금을 감면받거나 사치품에는 농어촌특별세를 내야 한다. 와, 우리가 내는 세금이 이렇게나 많다니, 새삼스럽게도 정말 놀랍다.

물건을 구매할 때는 또 어떤가. 모든 물건에는 10%의 부가세가 붙어 있고, 비싼 아파트를 소유했다면 보유세 외에도 종부세를 내야한다. 근로소득자는 급여 외에 추가 소득이 생기면 모든 소득을 합산해서 종합소득세를 신고해야 한다. 그럼 세금은 더 늘어날 것이다. 그래서 가까운 사이에 명의를 빌려달라는 부탁이 위험하다. 명의를 빌려주는 행위가 위험하다는 것은 당연히 알고 있지만 막연히 찜찜하거나 범죄에 연류될까 봐 걱정 하시는 분이 많다. 하지만 그 외에도 세금에 관련된 문제가 생길수도 있다. 우리가 내는 소득세는 소득 구간에 따라서 세율이 달라진다. 만약에 명의를 빌려줌으로써 일정 소득이 생긴다면 내가 벌고 있는 소득에 추가 소득이 더해져서, 내가 감당

할 수 없는 금액이 세금으로 부과될 수도 있다. 그야말로 세금 폭탄을 맞을 수도 있으니 이런 행동은 절대로 하면 안 된다.

탈세는 범죄지만 절세는 현명한 것이라는 말이 있다. 하지만 일반인들이 할 수 있는 절세는 연말정산과 금융자산의 비과세를 잘 활용하는 정도일 것이다. 그래서 나는 절세 못지않게 잘못된 생각이나 행동으로 세금 폭탄을 맞지 않는 것도 중요하다고 말한다. 내가 지금 내고 있는 세금의 종류와, 세율, 금액을 표로 정리해 보자. 이렇게 정리를 해두면 지출을 미리 예상함으로써 가계 생활비 운용을 더 체계적으로 할 수 있다. 그리고 납부일자를 기록한다. 세금에도 미납 연체금과 가산세가 있다. 납부일자를 착각해서 미납이 된다면 최대 세금의 40%까지 가산세 폭탄을 맞을 수도 있으니 주의해야 한다.

05 / 개인사업자 본인 인건비는 비용이 아니다 : 법인사업자와 개인사업자

"법인사업자가 되면 어떤 점이 더 좋아?"

명절에 가끔 만나는 삼촌이 뜬금없는 질문을 하셨다. 현재 개인사업자에서 법인 전환을 고민하고 있다고 했다.

"삼촌 돈 많이 벌어?"

나의 질문에 주변 시선이 일제히 삼촌에게 쏠렸다. 그럴 의도는 아니었지만, 조카들의 초롱초롱한 눈빛을 받는 삼촌의 동공이 흔들렸다. 개인사업자와 법인사업자는 어떤 차이가 있을까 알아 보자.

1. 사업자등록증은 같지만, 설립 절차는 다르다.

개인이든 법인이든 사업자를 설립하는 것은 같다. 사업자등록증을 발급받으면 사업자등록번호가 생기는데 그건 회사의 주민등록번호다. 회사에 인격을 부여한 것이다.

하지만 개인은 사업자등록증만 만들어 사업을 시작할 수 있지만 법인은 다르다. 법인은 상법의 적용을 받아서 개인에 비해 설립절차가 복잡하다. 그래서 비용도 발생한다.

2. 세금을 내는 것은 같지만, 세율이 다르다.

개인이든 법인이든 돈을 벌었으면 세금을 내야 한다.

개인사업자는 개인의 소득 기준으로 세금을 부과하지만 법인은 법인의 기준을 따른다. 개인은 6~45% 구간, 법인은 10~25% 구간으로 나뉜다. 매출이 낮을 때는 6%의 세금을 내는 것이 유리하지만, 높을 때는 25%의 세금을 내는 것이 유리하다. 그래서 법인 전환을 고려할 때 매출액이 첫 번째 기준이 된다.

3. 인건비를 비용처리 할 수 있지만, 대표이사의 인건비는 다르다.

직원을 고용했다면, 인건비 신고를 하고 그 금액을 비용으로 처리할 수 있다. 비용으로 처리한다는 건 세금이 줄어드는 것을 의미한다.

'오호~ 그러면 내 인건비도 비용으로 처리해야지'라고 생각할 수 있는데 법인은 맞고 개인은 틀리다. 개인사업자는 대표, 즉 본인의 인건비는 비용이 아니다. 개인사업자는 회사를 운영하고 남은 이익을 가져간다. 그게 본인의 인건비가 되는 것이다. 회사가 잘 안되면 내 인건비도 안 나온다고 말하는 이유가 여기에 있다. 하지만 법인은 다르다. 법인은 대표자도 급여를 받을 수 있고, 비용도 인정해준다. 일반 직원과 (단위는 다르지만) 동일하다고 보면 된다. 똑같이 4대 보험을 적용받고, 근로소득세를 낸다.

4. 이익을 사용할 수 있지만, 사용 절차가 다르다.

회사를 운영하고 이익이 남았다면 사용이 가능하다.

개인은 남은 이익이 본인의 인건비이기 때문에 마음대로 사용할 수 있다. 하지만 법인은 대표이사 개인의 것이 아니다. 대표이사 마음대로 사용했다가 배임, 횡령으로 쇠고랑을 찰 수 있으니 주의해야 한다.

개인은 본인 회사이기 때문에 사업을 확장하는 데 한계가 있다. 개인 신용으로 사업을 하므로 대출이나 자금 조달도 한계가 있다. 이면에는 본인의 회사니 본인이 의사결정을 빠르게 할 수 있다는 장점도 있다. 하지만 지속적으로 성장하는 업종이라면 법인 전환을 고려하는 것이 좋다. 매출액이 증가하면 세금에도 더 유리하고, 회사의 신용도가 좋으면 자금 조달도 어렵지 않다.

삼촌은 매출액을 기준으로 종합소득세와 법인세를 계산해보고 법인 전환을 잠시 보류했다. 당장 사업을 더 확장할 계획이 없기도 하고 아직은 법인 전환으로 유리할 만한 매출액이 아니었기 때문이다. 하지만 그 때를 위해 사전에 준비는 필요하다고 조언을 드렸다. 사업은 의사결정이 중요하다. 너무 이른 판단도 안 되고 늦은 판단도 위험하다. 적당한 때를 위한 준비, 그 시기를 판단할 수 있는 능력. 그게 사업자의 진정한 능력이 아닐까.

지출관리는 중요해요 :
원가와 비용, 변동비와 고정비

최근 친구가 운영하던 카페를 폐업했다는 소식을 들었다. 규모는 작지만 예쁜 인테리어로 인해 사람이 많이 찾아오던 곳이었는데, 갑자기 폐업을 한다고 하니 코로나로 인한 매출 부진인지 아니면 다른 이유가 있는지 물었다. 친구는 버는 것에 비해 남는 게 없다고 말했다. 월 매출이 1천만 원으로 적은 편이 아닌데 지출이 많아서 가게를 운영할 의미가 없다고 했다. 대체 어디에 지출을 했던 걸까? 궁금한 마음에 나서서 장부를 확인해 봤다.

카페는 음료와 디저트를 파는 곳이다. 커피 원두, 각종 음료와 디저트를 만들 재료가 필요하다. 그리고 혼자서 서빙을 하고 제조를 할 수 없으니 일을 도와줄 사람도 필요하다. 가게를 운영하는 데 전기세,

매출	10,000,000원
원두	500,000원
과일	500,000원
초콜릿	300,000원
생크림	500,000원
설탕	500,000원
밀가루	500,000원
계란	300,000원
우유	300,000원
전기세	500,000원
수도세	300,000원
아르바이트비	1,000,000원
임차료	3,000,000원
소모품비	500,000원
5월 매출	10,000,000원
5월 비용	8,700,000원
5월 이익	1,300,000원

수도세 등 세금이 나오고, 임차료도 있다. 휴지, 빨대, 포장지, 걸레 등 소모품도 필요하다. 이렇게 한 달 매출과 비용을 집계해봤다. 내용만 봐서는 꼭 필요한 곳에 쓴 것 같아서 문제가 없어 보인다. 당장 비용 분석이 필요해 보였다.

기업도 자영업과 같다. 돈을 벌기 위해서는 지출이 필요하다. 아이스크림 하나를 만들어서 팔아도 아이스크림을 만들기 위한 재료, 아이스크림을 만들 사람, 판매할 공간 등 필수로 필요한 항목이 있다. 그리고 그것을 사려면 돈이 필요하다. 매출과 비용은 뗄 수 없는 바늘과 실 같은 존재다.

버는 돈은 매출, 나가는 돈은 비용으로 간단하게 구분하면 좋으련만, 비용은 지출 성격에 따라 부르는 이름이 다르다. 같은 비용이라고 해도 회사마다 다르게 불릴 수도 있다. 이론을 참 헛갈리게도 만들어 났다. 원가와 비용, 변동비와 고정비, 직접비와 간접비, 이런 용어들을 알고 있으면 '나 회계 좀 한다'라는 인식을 심어줄 수 있다. 하지만 자영업은 지출 관리가 중요하기 때문에 이런 회계 지식은 필수다.

비용은 회계에서 판매비와관리비라고 부른다. 또 비용은 고정비, 변동비, 인건비로 구분할 수 있다. 고정비는 아무것도 하지 않아도 들어가는 비용, 회사를 운영하는 데 꼭 필요한 비용을 말한다. 임차료, 전기세, 수도세 같은 비용이다. 변동비는 반대로 매출의 증감에 따라 변동될 수 있는 비용을 말한다. 재료비, 소모품비, 광고비, 수수료, 접대비 같은 변동성이 있는 항목을 말하는데, 매출원가를 포함하는 개념으로 이해하면 좋다. 인건비는 급여와 복리후생 비용을 말한다. 또 비용을 직접비와 간접비로도 분류하는데 용어에서 말하는 직관적인 느낌으로 해석하면 된다. 매출에 직접 관여한 비용은 직접비, 간접적으로 관여한 비용은 간접비라고 말한다. 구분하기가 쉽지 않으면 용어정도만 읽고 넘어가도 좋다.

앞서 정리한 가계부를 이렇게 분류해 봤다.

매출	10,000,000	➡	매출
원두	500,000	➡	변동비(원재료)
과일	500,000	➡	변동비(원재료)
초콜릿	300,000	➡	변동비(원재료)
생크림	500,000	➡	변동비(원재료)
설탕	500,000	➡	변동비(원재료)
밀가루	500,000	➡	변동비(원재료)
계란	500,000	➡	변동비(원재료)
우유	500,000	➡	변동비(원재료)
전기세	500,000	➡	고정비
수도세	300,000	➡	고정비
아르바이트비	1,000,000	➡	인건비
임차료	3,000,000	➡	고정비
소모품비	500,000	➡	변동비
매출	10,000,000		
비용(변동비)	3,900,000		
비용(고정비)	3,800,000		
비용(인건비)	1,000,000		
5월 이익	1,300,000		

이렇게 보니 지출의 성격이 좀 더 명확해졌다. 매출에 비해 고정비와 변동비가 높은 편이다. 매출이 감소해도 변동비가 줄어들지 않는 것을 보니 원재료의 단가가 올랐거나 디저트를 만들 때 재료를 아끼지 않고 넣는다는 것을 생각해 볼 수 있다. 그리고 친구가 디저트를

만들다 보니 서빙을 할 직원이 필요했고 여기서 이중 인건비가 발생했다. 자영업을 하는 사람들은 영업이익을 계산할 때 통상 본인은 인건비에서 제하는 경우가 많다. 하지만 나의 인건비도 중요하다. 다 팔고 남은 이익이 내 월급이 아니라, 내 인건비까지 제하고 남은 금액을 수입으로 관리하는 것이 좋다.

친구는 차별화 전략을 세운다고 가게에 많은 돈을 들였다. 물론 요즘 젊은 친구들에게는 인테리어가 카페를 찾는 주된 이유가 된다고 하지만, 일단 맛으로 입소문이 났으면 부수적인 것은 신경을 덜 써도 된다. 여전히 카페 인테리어를 유지하는 데 많은 돈을 쓰고 있었다.

1. 본인 몸을 혹사시키면서 일을 한 것
2. 매출원가를 조절하지 않은 것
3. 물가상승률로 인한 재료비 및 고정비 증가

원인을 분석하니 대략 세 가지가 나온다. 이렇듯 비용을 성격에 따라 분리하면 어떤 항목으로 지출을 많이 하고 있고 문제가 뭔지 한눈에 파악하기가 쉽다. 매출에 비해 변동비가 과도하게 지출된다면 일부 메뉴는 가격을 올려서 조정할 수 있고, 인건비가 많이 든다면 꼭 필요한 시간에만 직원을 쓰는 방법을 쓸 수 있다.

돈은 많이 버는 것도 중요하지만 어떻게 쓰느냐가 더 중요하다. 소득이 아무리 많아도 새는 돈이 많다면 돈을 버는 보람을 느낄 수가 없다. 비용을 잘 관리해야 건강한 이익을 만들 수 있는 것이다. 무조건 아끼는 것도 답이 될 수 없다. 기업이 성장하려면 미래를 위한 투자는 반드시 필요하니까. 부의 현금흐름과 건강한 이익을 만들기 위해 수많은 기업의 회계팀은 지금도 열심히 일하고 있다.

07

인건비에는
급여만 있는 것이 아니다

"윤아 씨, 4월 인건비 좀 정리해줄래요?"

"네!"

선배로부터 업무 오더가 떨어졌다. 신입사원의 대답은 늘 패기가 넘친다. 한창 업무에 재미를 붙이기도 했고, 잘하고 싶은 열정이 가득할 때다. 곧바로 회계 프로그램을 열고 급여 항목을 검색했다.

'임원급여, 사원급여, 아르바이트급여? 아, 너무하시네. 항목이 세 개밖에 안 되는데 이 정도는 직접 하셔도 되는 거 아닌가.'

엑셀에 금액을 옮겨 적고 메일을 보내며 생각했다. 그런데 메일을 확인한 선배가 다시 나를 부른다.

"윤아 씨, 이게 뭐야? 급여만 정리했네?"
"아까 인건비 정리해달라고 하셨는데요."

인건비는 단어에서 풍기는 이미지처럼 사람에게 투자한 비용을 말한다. 다른 말로 노무비라고 부르는데 대표적으로 급여가 해당된다. 하지만 인건비에 급여만 있는 것은 아니다. 급여 외에도 퇴직급여, 수당, 상여, 넓은 의미로 직원이 근무를 할 때 지출한 복리후생비까지 인건비에 포함된다. 복리후생비는 직원의 업무 능률을 향상시키고 복지를 위해 회사가 부담하는 시설이나 관리비, 제조경비를 말한다.

다음 중 복리후생비에 해당되지 않을 것 같은 것을 골라볼까요?
① 휴게실에 비치된 커피
② 한 달에 한 번 직원에게 제공되는 영화티켓
③ 장기근속으로 고대리에게 보내준 해외여행
④ 거래처 직원들과 함께 한 저녁식사 비용
⑤ 1년에 한 번 맞는 독감예방주사
⑥ 야근한 직원에게 제공하는 저녁식사 비용

정답은 ④번이다. 복리후생비는 오직 직원의, 직원에 의한, 직원을 위한 비용이다. 거래처 직원들과 함께 한 저녁식사 비용은 복리후생비에 해당되지 않는다(거래처 직원들과 사용한 비용은 '접대비'라는 계정과목을 사용한다).

실수를 깨달은 나는 다시 복리후생비를 검색했다. 경조사비, 회사가 보조하는 4대보험비, 건강검진비, 연차수당, 정수기, 공기청정기 대여비, 문화생활비, 포상금 등 실제로 내가 회사에서 받는 혜택과 관련된 비용이 나열됐다. 이렇게 실수하면서 배운 것은 절대 잊어버릴 일이 없고, 배우는 과정에서 쓸모없는 경험은 없다. 그리고 알게 된 또하나의 꿀팁! 입사를 희망하는 회사가 있다면 손익계산서에서 복리후생비 금액을 확인해 보자. 복리후생비는 직원들의 좀 더 나은 근무환경을 위해 투자하는 금액이다. 그 규모를 보면 회사가 직원들을 위해 얼마나 투자하는지 확인할 수 있다.

연간 복리후생비 20억 원/임직원 200명=1천만 원
→ 1인당 직원에게 투자하는 비용

복리후생비 금액을 인원으로 나누면 인당 금액이 계산된다. 이 금액을 계산하면 회사가 나를 위해 투자되는 금액이 어느 정도인지를 확인할 수 있다. 어려울 때 복지부터 줄이는 회사가 많다는 건 슬프지만 현실이다. 과거 3년 정도 영업이익 숫자와 연동해서 비교해 본다면 더 똑똑하게 회사를 고를 수 있을 것이다.

08 / 권리금은
어떻게 회계처리할까?

한때 창업을 꿈꿨다. 직장인은 3년, 6년, 9년 차에 퇴사위기를 겪는다는 통계가 있다. 나도 그때마다 회사를 벗어나 자유로운 생활을 누리는 모습을 상상했다. 6년 차까지는 돈이 없었고, 10년이 지나 퇴직금이 어느 정도 모였다고 생각했을 때 계획을 세우기 시작했다.

업종은 카페로 정했다. 특별한 기술이 없는 내가 접근하기 가장 쉬운 업종이었고, 카페가 많다는 건 그만큼 수요가 많은 거라고 생각했다. 당시 나도 매일 커피 두 잔은 기본이었으니까. 하지만 그때의 나는 시장조사도 제대로 하지 않고 쉬운 길로 돌아가려고 얕은 판단을 했다. 사직서를 쓸 수 있다는 기대감에 취해 그런 생각을 뒤로 미룬 채 준비를 하기 시작했다. 가진 돈으로 가게를 차릴 수 있는지 예상 비용을 계산했다. 프랜차이즈 비용, 인테리어 비용, 집기 비용, 월세와 보증금. 그 다음, 현재 급여만큼 돈을 벌려면 한 달에 얼마의 매출을 내야 하는지도 계산했다. 나름 투자금을 회수하는 시점인, BEP(break-even point, 손익분기점)도 계산했다. 이제 방구석 준비는 모두 끝났다. 바로 가게를 알아보러 번화가로 향했다.

"네? 5천만 원이요?"

내 계획을 무참히 짓밟은 복병이 있었으니, 바로 권리금이었다. 유명한 식당이나 권리금이 있다고 말로만 들었지, 그게 작은 카페를 차리려는 나에게 해당될 거라는 생각을 못했다. 모든 상가에는 보증금과 월세 외에 권리금이 있었다. 권리금이 낮은 곳은 번화가에서 많이 떨어진 상권이 좋지 않은 곳이었고, 위치가 좋은 곳은 권리금이 너무 높았다. 권리금은 무엇이기에 별도로 높은 금액을 지불해야 하는 걸까?

영심이가 번화가에 카페를 차렸다. 인테리어에 공들이고, 홍보에도 신경 써서 단골손님을 많이 확보했다. 이 공간을 장사가 잘되는 곳으로 만든 것이다. 그런데 사정이 생겨서 카페를 접기로 했지만, 막상 상황이 그렇게 되니 그동안 공들인 정성이 너무 아깝다. 다음 사람이 오면 영심이가 노력해서 얻은 혜택을 고스란히 누리게 될 것이다. 영심이의 노력은 보상 받을 수 없을까? 바로 이런 배경에서 생겨난 게 권리금이라는 개념이다. 권리금은 부동산이 가지고 있는 가치를 말한다. 다음 임차인은 영심이의 노력까지 지불해야만 이 건물에 입주할 수 있다. 영심이의 노력은 가치다. 권리금은 보이지 않는 가치에 대한 대가인 것이다. 어떻게 생각하면 당연하게 지불해야 하는 비용이지만, 어떻게 생각하면 보이지 않기 때문에 아깝다고 생각할 수 있다. 그래서 회계에서도 권리금을 비용으로 처리하지 않는다. 내 자산 가치를 높여주는 지출이기 때문에 자산으로 회계처리한다. 토지, 건물과 같이 눈에 보이는 자산이 아니기 때문에 무형자산으로 처리하고 있다. 무형자산도 비품과 마찬가지로 감가상각을 한다. 최초 가치만큼 자산으로 회계에 반영했다가, 점점 줄어드는 가치만큼 자산이 감소하는 것이다.

권리금이 부동산에서만 발생하는 것은 아니다. 회사를 사고 팔 때도 권리금이 발생한다. 회사가 물건도 아닌데 사고 파냐고? 그렇다. 물론 회사도 사고판다. 단, 회사는 단가가 정해진 물건이 아니기 때문에 가치를 평가해서 금액을 정한다. 매출액, 업력, 성장 가능성, 거래처, 회사 업적, 임원평가 등 다양한 방법으로 회사를 평가하고 주식 가치를 정한다. 평가한 주식 가치가 주식단가보다 높으면 그 차액만큼 권리금이 되고, 회계에서는 영업권이라고 표현한다.

나는 권리금의 벽을 넘지 못했다. 돈이 부족하기도 했지만, 권리금이라는 보이지 않은 가치에 대한 투자를 감행할 수 없었다. 권리금은 법적으로 보장받을 수 있는 항목이 아니다. 임대인의 말을 믿고 계약

했다가 지불한 가치만큼 효과를 보지 못하더라도 환불을 요구할 수 없다. 그렇다고 권리금을 낮추려고 상권이 좋지 않은 곳에 가게를 내는 건 바보 같은 모험이다. 결국 나는 결단을 내리지 못하고 다시 회사로 돌아갔다.

상권이 좋은 곳은 가치가 높다. 그러니 권리금이 높은 것은 당연하다. 하지만 그 권리금이 제대로 된 가치인지를 판단하려면 시장을 보는 안목이 중요하다는 것을 깨달았다. 그 가치를 보려면 회계 공부가 꼭 필요하다. 회사도 탄탄하고 성장하는 회사가 가치가 높은 거겠지.

실무 TIP

BEP(break-even point)는 손익분기점으로, 벌어들인 수익과 투자한 비용이 같아서 이익도 손해도 생기지 않는 경우의 매출액을 말한다. 내가 투자한 비용을 다 회수하는 시점이 언제인지, 그 시간을 단축하려면 얼마의 매출액을 내야 하는지 계산할 때 쓴다. 우리는 일생생활에서 "본전은 했다"고 표현한다.

와, 경품에
당첨됐어요

"어머, 어머! 나 이벤트 경품에 당첨됐어!"

아침부터 언니가 호들갑이다. 평소에도 부지런하게 응모를 하더니 이번에 크게 한건 했나 보다. 당첨된 물건은 100만 원 상당의 휴대폰이었다. 그런데 들뜬 목소리로 좋아하던 언니가 한숨을 쉬며 말한다.

"아, 이거 사기잖아. 경품 당첨됐다고 돈을 요구하네."

"돈? 무슨 돈? 설마 지금 제세공과금 얘기 하는 거야?"

"응. 제세 어쩌고 그거. 핸드폰 가격의 22%를 내라는데 당첨시켜놓고 돈 요구하면 무조건 사기지."

"……."

아, 모르는 사람에게는 제세공과금이 사기로 해석될 수가 있구나 싶었다. 언니의 마음은 십분 이해하지만 나도 모르게 한숨이 났다. 어디서부터 어떻게 가르쳐줘야 할까?

이벤트 내용을 자세히 들여다보면 이런 문구를 확인할 수 있다.

"5만 원 초과 경품의 제세공과금은 22%이며, 이는 고객 부담입니다."

이벤트 업체는 왜 당첨자에게 22%를 요구하는 걸까? 제세공과금은 세금이다. 일시적으로 발생한 소득에 대한 세금으로, 기타소득에 해당한다. 복권당첨금, 인세, 강연료와 같이 비정기적으로 발생하는 소득도 기타소득이다. 정기적으로 발생하는 소득이 아니기 때문에 세율도 22%로 높다. 불로소득으로 간주를 하는 것이다. 실제로 복권과 같이 3억 원이 넘는 고액의 불로소득은 세금을 33%나 뗀다.

세금 TIP

기타소득세율: 기타소득세 20% + 주민세 2%(소득세의 10%)

사업소득세율: 사업소득세 3% + 주민세 0.3%(소득세의 10%)

기타소득은 비정기적이기 때문에 세율이 높고, 사업소득은 정기적인 소득이기 때문에 세율이 낮다. 사업소득은 세율도 낮지만, 일할 때 들어간 비용까지 공제하고 세금을 뗀다. 우리는 소득이 생기면 정당하게 세금을 내야 한다. 이벤트에 당첨된 경우도 마찬가지다. 그게 상품이든 현금이든 소득이 생겼다면 세금을 내야 한다. 하지만 뭔가 기분이 별로다. 당첨이면 공짜여야 하는데, 돈을 내라니⋯. 그것도 22%면 금액이 적지 않다. 소득이 없는 언니로서는 당연히 고민이 되는 문제였다. 하지만 걱정은 하지말라! 기타소득세로 납부한 세금은 종합소득세를 통해 환급을 받을 수 있으니 걱정하지 않아도 된다.

"정말요? 무조건 환급받을 수 있어요?"

아쉽게도 무조건은 아니다. 언니처럼 수입이 없는 경우에는 환급 받을 가능성이 높지만, 일정 수입이 있는 경우 다른 소득과 합산해서 종합소득세 신고를 해야 하기 때문에 환급 받을 가능성이 낮아진다.

세금 초보의 눈높이에 맞춰 설명을 해주니, 그제야 언니 목소리가 풀렸다. 하지만 사기에 대한 의심은 여전히 마음 안에 남아 있는 것 같았다. 경품을 받기도 전에 내 돈 22만 원을 먼저 내야 하니 그럴 수밖에. 그리고 세금 신고를 하려면 개인정보가 필요하다. 설상가상으로 회사에서 돈과 함께 신분증을 요구하니 의심이 더욱 커졌다. 하지만 회사 입장에서도 물건만 받고 일명 '먹튀'를 하는 사람이 있어서 어쩔 수가 없다. 세금신고를 해야 하니 신분증도 필요하다. 서로 신뢰하고 거래하려면 돌다리도 두드려 보고 건너자. 개인정보보호법을 잘 고지한 회사인지, 기존에도 이벤트를 했던 업체인지, 입금 계좌가 법인 통장인지, 담당자가 정말 회사에서 근무하는지 먼저 확인하고 진행해도 늦지 않다.

PART

5

회계팀의 비밀
〈회계 속 회계팀 이야기〉

01

1원에
연연하는 변태

한동안 회계팀을 '회계변태'라고 부른 사건이 있었다. 한창 회사가 어려울 때 대표님이 경비분석을 요청했다. 경비분석은 어떤 항목으로 지출을 많이 하고 있는지 검토하는 것이 첫 번째다. 지출한 경비를 인건비, 고정비, 변동비로 분류하면 어느 항목에 지출했는지를 쉽게 알 수 있다.

자료를 금방 만들 수 있을 거라고 생각했던 일이 검증에서 멈췄다. 회계 프로그램에서 자료를 다운받아 엑셀로 작업을 하는데 둘의 숫자가 안 맞는 것이다. 한 달 경비내역을 다운받으면 엑셀로 천 줄 정도가 되니, 일일이 확인할 수도 없는 노릇이었다. 나는 집요하게 원인을 찾아내려고 애썼다. 하지만 검증은 FALSE, 차이 금액은 1원. 이건 뭐 답이 없다. 그때부터 1원과 나의 사투가 벌어졌다. 이틀이 지나고,

기다리다 지친 대표님이 찾아오셨다.

"요청한 자료는 아직 멀었나?"

다른 업무에 치여 내게 시킨 일의 존재를 잊고 있던 팀장님이 놀란 눈으로 나를 쳐다봤다. '맞다, 윤아 씨. 그 일은 어떻게 됐어?' 눈으로 나에게 묻는다.

"다 했는데요. 검증이 안 맞아서 계속 확인하고 있었어요."

차이 금액이 1원이라는 것을 확인한 모두의 표정이 숙연해졌다. 3초의 정적이 흐르고 대표님이 크게 웃기 시작하셨고, "이 회계팀 변태들 정말 못 말리는구만. 그 자료 그냥 보내줘"라며 쿨하게 퇴장하셨다. 대표님이 나가자마자 팀장님은 참았던 웃음을 터뜨렸다.

"1원이 안 맞으면 말을 했어야지. 때로는 정확한 것보다 빨리 하는 게 중요한 일이 있어. 1원 정도면 보고서를 1원 단위가 아니라, 1천 원 단위로 표기해서 마무리 하는 방법도 있고."

회계에서 정확성과 적시성이라는 표현을 할 때가 있다. 정확하게 하는 것을 '정확성'이라고 하고, 적당한 때에 하는 것을 '적시성'이라고 한다. 뭐가 더 중요하냐고 묻는다면 대답하기가 어렵다. (재무상태표와 손익계산서 중 중요한 보고서를 고르라는 질문만큼 어려운 일) 사실 둘 다 중요하기 때문이다. 그제야 팀장님이 정확성과 적시성에 대해서 설명했던 기억이 났다. 회계는 무조건 정확해야 하지만, 때에 따라서는 정확하지 않아도 필요한 시점에 제시하는 것도 필요하다고.

우리는 가계부를 쓸 때 오차가 발생하거나 지출 내역이 기억나지 않아도 그냥 넘긴다. 큰돈이라면 어떻게든 사용 출처를 생각해 냈겠지만, 1~2천 원 단위 지출내역은 기억하지 못해도 크게 문제 삼지 않는다.

하지만 회계는 다르다. 1원이 맞지 않아도 그 원인을 찾아내야 한다. [자산=부채+자본]은 1원이라도 맞지 않으면 공식이 성립하지 않는다. 엑셀에서 소수점만 달라도 검증 수식에 TRUE가 뜨지 않는 것과 같다. 그렇기에 회계팀은 꼼꼼할 수밖에 없다. 이 과정에서 물론 융통성도 필요하다. 때로는 TRUE가 아니어도 적시에 보고해야 하는 경우도 있다. 무엇보다 빠른 의사결정이 필요한 경우가 그렇다. 경비분석은 지출 내역을 검토해서 절감항목을 파악하는 것이 목적이었다. 그걸 내가 1원 때문에 붙잡고 씨름하고 있었으니, 대표님께 웃픈 에피소드를 남겨드린 것이다. 그 뒤로 한동안 우리는 1원에 연연하는 변태가 됐다.

02 / 일에 감정이입하면 생기는 일

12월 31일. 연말연시를 맞아 모두 기쁜 마음으로 퇴근하던 그 시각, 통장과 도장을 손에 쥐고 헐레벌떡 은행으로 뛰어가는 여자가 있었다. 그녀는 광고회사 회계팀 고 대리, 무슨 사연으로 은행을 찾은 것일까?

한동안 회사가 어려웠다. 중소기업에서 오래 일했다는 것은, 회사에서 발생할 수 있는 산전수전과 모진 풍파를 겪고 이겨냈다는 것을 의미한다. 특히 위기를 말할 때 돈(자금) 이야기를 빼놓을 수가 없다. 돈이 많은 회사는 좋은 회사다. 어떤 위기가 와도 통장이 두둑하면 버틸 수 있다. 하지만 중소기업은 자금이 튼튼하지 않은 회사가 많기 때문에, 결국 자금으로 인해 여러 번의 위기가 찾아온다.

우리 회사도 한때 돈이 없어서 매달 말일만 되면 피가 마르는 전쟁을 겪었다. 들어올 돈이 들어와야 나갈 돈을 처리할 수 있는데, 들어올 돈이 입금되지 않으면 거래처에 돈을 줄 수가 없다. 그래서 말일이 되면 내 행동 패턴은 이랬다.

1. 거래처에 돈을 달라고 전화를 한다. 하지만 강하게 말하면 큰일 난다. 자칫 상대방의 감정이 상해 돈을 받지 못하면 결국 나만 손해다.
2. 돈을 줘야하는 거래처에 조금 늦게 줘도 괜찮은지 사정을 해본다. 이때도 상대방의 감정이 상하지 않게, 최대한 상황을 설명하며 양해를 구한다.

이럴 때마다 나는 사채업자에 빙의해서 독촉전화를 했다가 다시 빚쟁이에 빙의해서 상대방의 눈치를 보는, 이중행동을 하곤 했다. 회사에 돈이 없다는 건 이렇게 서러워질 수 있는 일인 걸까. 자금 사정이 나아질 때까지 매월 말일이 되면 이런 전쟁 같은 일을 겪어야 했다. 그러다 12월 말일, 입금을 약속했던 거래처에서 돈이 입금되지 않은 일이 발생했다. 이렇게 되면 우리도 다른 거래처에 돈을 줄 수 없게 된다. 하지만 그날은 12월 31일이었다. 거래처에는 영세한 업체도 포함되어 있었다. 우리가 돈을 줘야 직원에게 월급을 줄 수 있는 작은 중소기업. 팀장님은 특단의 결정을 내리셨다. 급여를 기다리며 연말연시 가족들과 소중한 시간을 보내기를 희망하는, 얼굴도 모르는 타인을 외면할 수 없었던 것이다. 당시 은행 업무 마감 시간은 4시, 현재 시각은 3시 30분.

"해지하자."

직원의 퇴직금을 담보로 들어둔 예금이었다. 그녀의 한 마디에 모두 일사불란하게 움직였다. 모든 사람들이 조기퇴근으로 즐겁게 걸어가던 시간, 나는 은행으로 내달렸다. 은행 마감시간을 30분 앞두고 긴박하게 움직이느라 심장은 쪼그라드는 듯했지만 마음은 한결 가벼웠다. 막말로 내 돈도 아니고, 내가 써서 돈이 없어진 것도 아니다. 하지만 회사 통장 잔고가 비면 담당자의 마음이 숙연해진다. 실적도 마찬가지다. 회사가 침체기를 맞이하면 회계팀 잘못이 아닌데도 내 잘못처럼 한숨이 새어나오고 걱정이 앞선다. 반대로 회사가 실적이 좋으면 야근도 신나게 하는 팀이 회계팀이다. 이것이 회계팀의 숙명이고 마음인 걸까. 우리 아이가 꽃길만 걸었으면 하는 마음, 내 회사도 그랬으면 좋겠다.

03

회계팀의
MZ세대

3년 전, 우리 팀에 막내가 들어왔다. 94년생인 이 친구는 나와 11살 차이가 난다. 소위 말해 MZ세대다. 꼰대 중에 꼰대가 모여 있다는 회계팀에서 MZ세대는 어떤 모습일까?

우리는 신규 입사자가 들어오면 가장 먼저 계산기를 사준다. 일반 직무야 계산기를 쓸 일이 없지만 회계팀에게 계산기는 필수다. 군인이 전쟁터에서 총이 없으면 죽는 것처럼 우리는 계산기가 없으면 손이 허전하다. "손은 눈보다 빠르다." 눈으로 계산기를 보지 않아도 손이 기억하고 먼저 반응한다. 일종의 직업병이다. 심지어 계산기를 사용하는 습관 때문에 1+1도 계산기를 두드리고 있는 나를 발견하기도 한다. 이렇듯 회계팀에서 계산기는 바늘과 실 같은 관계다. 그런데 이런 우리의 편견을 깬 충격적인 사건이 생겼다. 94년생 신입사원이 컴퓨터 계산기로 계산을 하고 있는 것이 아닌가. 큰 충격을 받은 우리는 (당시 이 친구를 포함해서 6명이 일을 하고 있었다) 회의실에 모여서 저마다 걱정을 털어놓기 시작했다.

"컴퓨터 계산기로 일이 가능한 거야?"
"우리가 이상한 건가……?"
"제가 검색을 해봤는데요. 요즘 아이들은 계산기를 안 쓴대요."

아직 어린 친구에게 마음의 생채기를 내고 싶지 않아서 포털사이트에 검색까지 한 팀원도 있었다. 너무 궁금한 마음에 막내에게 직접 물어보기로 했다.

"막내야. 우리가 정말 궁금해서 물어보는 건데, 컴퓨터 계산기 불편하지 않아? 일하는 데 괜찮아?"

뜻밖의 질문을 들은 막내의 두 눈이 휘둥그레지며 토끼눈이 되었다. "쓰면 안 되는 건가요?"라고 묻는 말 끝에 물음표가 100개는 달린 듯했다. 마치 대단한 규정이라도 어긴 건 아닌지 걱정스러운 표정이다.

"아니, 그런 게 아니라 정말 궁금해서 물어보는 거야."

"아, 저는 어릴 때부터 노트북을 사용해서 오히려 이게 편해요. 계산기를 써보려고 했는데 서툴러서 그런지 시간이 더 오래 걸리더라고요."

아, 그제야 이해가 되었다. 우리는 가정에 PC 보급이 일반적이지 않은 시대를 살았다. 컴퓨터를 사용할 일이 있으면 PC방에 가거나 학교 도서관을 이용해야 했다. 회사에서 노트북을 지급해준 것도 불과 5년밖에 되지 않았다. 하지만 90년대 친구들은 초등학생 때부터 컴퓨터 사용이 익숙했다. 생전 만져보지 못한 계산기보다 컴퓨터 계산기가 더 편할 수밖에 없는 것이었다.

어느 회사든 회계팀에 대한 공통적인 의견이 있다. '무섭다.' '깐깐하다.' '꼰대다.' '융통성이 없다.' 지금 이 책을 읽고 있는 당신이 비회계팀이라면 우리 회사 회계팀과 똑같다며 박수를 칠 것이고, 당사자라면 속이 뜨끔했을 것이다. 요즘 유행인 MBTI만 봐도 S형과 J형은 회계팀이 많다는 통계가 있다. 그렇다. 우리도 반박의 여지없이 인정한다.

회계팀은 변화에 민감하다. 여기서 민감하다는 말은 변화를 좋아한다는 것이 아니라 따라가지 못한다는 것을 의미한다. 회계 직무는 방송, 광고나 판매업처럼 트렌드를 따라가는 직업이 아니다. 수십, 수백 년 전에 만들어진 회계 규칙을 지금도 배우고 적용하고 있다. 그래서 대체로 환경이 변하는 걸 좋아하지 않는다. 이런 상황에서 컴퓨터 계산기를 사용한다니, 엑셀과 계산기가 없으면 아무것도 못하는 우리 세대에게 막내의 모습은 그야말로 문화충격이었던 것이다.

"이제부터 계산기를 연습해 볼까요?"

잘못된 거면 고쳐보겠다는 노력이 가상하다. 하지만 시대에 적응해야 하는 것은 나일지도 모르겠다. 지금까지 이렇게 해왔으니까 무조건 이게 정답이야, 라는 사고방식은 위험하다. 우리 시조새 선배들은 손으로 종이에 회계전표를 입력하지 않았던가. 컴퓨터가 보편화되면서 ERP시스템을 갖추기 시작했고, 일일이 출력해서 보관하던 회계전표는 이제 클라우드에 저장하는 시대로 바뀌고 있다. 그래서 지금은 세무조사가 들이닥치면 컴퓨터부터 압수를 당하지 않나.

"네가 일할 때 더 편하고, 일에 지장이 없으면 괜찮아."

앞으로 시간이 더 흐르고, 내 아이가 사회구성원이 될 때쯤이면 회계팀 문화가 어떻게 바뀌어 있을지 궁금해진다. 나도 그때쯤에는 회계팀의 시조새가 되어 있겠지.

회계팀의
가장 큰 연중행사 :
회계감사

회계팀은 외근도 없고 거래처를 만날 일도 없다. 유일하게 재미있는 행사가 매년 진행하는 회계감사다. 운이 좋으면(?) 이벤트처럼 세무조사를 경험하기도 한다. 감사, 조사라고 하면 뭔가 무서운 느낌부터 든다. 그래서 이를 처음 경험하는 친구들은 긴장한다.

입사하고 첫 회계감사를 받을 때였다. 회계감사라는 것이 뭔지도 모를 때고 처음 경험하는 일이라서 매우 무서웠다. 물론 나는 막내고 신입이라 회계사와 이야기를 나눌 일도 없고 중요한 일과는 거리가 멀었다. 하지만 나에게 감사라는 단어가 주는 느낌이 묵직하게 다가왔다. 내 사수는 회계감사를 받는 3일 동안 회의실에서 상주하며 회계사를 대응했고, 나는 그 중간에서 전표를 복사하거나, 필요한 자료를 전달하는 등의 잔심부름을 담당했다.

그러다 3일째 아침, 아무도 예상하지 못한 일이 생기고 말았다. 회계감사는 보통 3일 정도 회계사가 회사에 출근해서 감사를 진행하고, 일정 중 하루는 저녁 회식을 함께했다. 지금은 코로나로 인해 회식문화가 사라졌지만, 몇 년 전까지만 해도 회식은 회계감사의 필수 코스였다. 어색하고 딱딱한 분위기에서 일을 하다가 회식자리를 거치고 나면 한결 친근해지고 감사 분위기가 부드러워진다. 이것이 알코올의 힘이다. 그날도 그랬다. 전날의 과음으로 선배를 포함한 모든 사람들이 지각을 하게 됐고, 막내인 나와 회계사 한 명만 일찍 출근 한 상황이었다. 회계사가 나에게 회계전표 하나를 복사해달라고 부탁했다. 바로 전날까지 했던 일이기에 아무 생각 없이 회계전표를 찾아 복사를 해서 가져다 줬다. 그런데 그 전표가 문제가 될 줄이야. 회사와 회계사간의 해결되지 않은 이슈가 있었고 회계사가 먼저 확인해서는 안 되는 내용이 전표에 증빙으로 끼워져 있었던 것이다. 솔직하게 그 회계사는 일부러 일찍 나와 아무것도 모르는 신입사원을 이용했는지도 모르겠다. 결국 그 일로 나는 팀장님과 선배를 곤란하게 하고 말았다.

회사는 매년 회계 규정을 준수해서 회계처리를 했는지 전문가의 감사를 받는 것이 원칙이다. 상장회사는 감사가 필수고, 비상장회사는 회사의 규모에 따라 다르다. 우리 회사도 비상장법인이지만 자산 규모가 외부감사 대상에 해당되어 회계감사를 진행하고 있었다. 그래서 특별한 이벤트 없이 반복되는 업무를 하는 회계팀에서 회계감사는 가장 큰 연중행사다. 사전 준비를 요란하게 시작한다. 가장 크고 좋은 회의실에 '20□□년 회계감사'라고 이름을 붙여두고, 음료와 간식을 준비한다. 회계사들이 검토할 자료는 미리 준비해두고, 점심식사 장소와 저녁 회식 장소를 예약해둔다. 보통 3일에서 5일 정도 회계사들이 회사에 상주하면서 진행하지만, 진짜 업무는 그 이후에 시작이다. 감사보고서가 나오기 전까지 질문과 자료 요청이 계속 된다. 끝날 때까지 끝난 게 아니다.

내 실수로 인해 팀장님과 선배는 분주해졌다. 회사는 회사의 사정이 있고, 회계사는 본인의 일을 해야 한다. 여기서 가끔 의견이 충돌될 때가 있는데, 회사는 숨기고 싶고 회계사는 이를 찾아야 한다. 회식자리에서의 즐거웠던 분위기는 온데간데없고, 서로 웃으며 신경전을 벌이는 장면이 연출됐다. 다행히 일은 서로에게 원만한 결과로 마무리됐다. 우리는 모두 프로다. 하지만 아마추어였던 나는 문제가 해결되는 과정을 지켜보며 회계감사가 무엇인지 제대로 배웠다.

회계감사도 협상이다. 달라는 대로 다 주면 안 된다. 물어본다고 다 말해서도 안 된다. 내가 가지고 있는 패가 회사에 도움이 되는지, 해가 되는지 알아야 한다. 이것까지가 회계감사다.

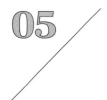

회계가
적성에 맞지 않는 사람

우리 회사는 매년 대규모로 인턴 사원을 채용하고 있다. 그렇게 선발된 인턴 사원은 3개월의 수습기간을 거치고 100% 정규직으로 전환되는 역사를 자랑하고 있었다. 채용 절차를 까다롭게 진행하기도 하고, 힘들게 들어온 친구들의 노력은 기대를 배신하지 않았다. 하지만 이런 역사에 오점을 남기는 팀이 있었으니, 바로 회계팀이었다. 유일하게 회계팀에서만 세 번이나 정규직 전환이 불발됐고 그 이후로 회계팀에서는 다시는 인턴 사원을 뽑지 않기로 결정했다.

'까다로운 팀이니 애들이 못 버티고 나갔을 거야.'
'좀 적당히 봐주지~ 너무 애들을 잡은 거 아냐?'
'무서운 팀이니 오죽하겠어.'

어느 회사든 사내에서 회계팀에 대한 오해는 상당하다. 우리는 입장에서는 억울하다. 인턴 사원 세 명은 정규직이 될 수 없는 치명적인 결점이 있었다.

#직원 A

얼굴에 '나 정말 착해요'라고 쓰여 있는 이 친구는 정말 착한 친구였다. 평범한 집안에서 평범한 코스를 밟고 무난히 첫 면접에 첫 회사까지 입사한 케이스였다. 장녀라서 그런지 책임감도 강하고 싹싹하고 하나를 시키면 잘하려고 노력하는 모습이 참 예뻤다. 하지만 그런 그녀에게는 회계팀에서 성장할 수 없는 치명적인 단점이 있었으니, 바로 꼼꼼하지 않은 업무처리였다.

이 친구의 업무 중에 신용카드로 광고비를 결제하는 일이 있었는데, 하루 10건 중 5건 이상 결제금액을 잘못 입력하는 실수를 저질렀다. 이건 개인이 쇼핑몰에서 옷을 살 때 실수하는 것과 다르다. 광고비 결제는 광고주와의 커뮤니케이션 후에 일어나는 행위다. 잦은 실수는 광고주와의 신뢰를 잃을 수도 있는 문제다. 또한 0 하나만 실수해도 단위가 달라진다. 1천만 원에서 1억 원은 간담이 서늘해지는 실수다. 문제를 해결하기 위해 여러 가지 방법을 써봤지만 나아지지 않았고 결국 그녀는 인턴 계약 종료 후에 회사를 떠나야 했다.

#직원 B

이 친구도 참 선한 얼굴을 지녔던 걸로 기억한다. 시골에서 자라서 서울에서 유학생활을 하고 몇 번 탈락의 고배를 마신 후에 우리 회사에 입사했다. 늦깎이 입사라서 동기 중에 나이도 가장 많았다. 우리는 성실한 그의 모습에 높은 점수를 줬다. 하지만 이 친구는 늘 입이 방정이었다. 본인에게 마이너스가 되는 경험담도 아무렇지 않게 늘어놓곤 했다.

그러다 팀장님 앞에서 결정적인 실수를 저지르고 말았다. 본인이 현재 이자율 49%짜리 사채를 쓰고 있고, 500만 원을 빌렸는데 750만 원만 갚으면 된다고 아무렇지 않게 말한 것이다. 순간 분위기가 얼어붙었다. 회계팀에 이자율 49%짜리 사채를 쓰는 것도 모자라, 그 이율이 비싸다는 생각을 못하는 사람이 있다니…. 이건 잘못 되어도 한참 잘못된 일이다. 물론 생활이 너무 힘들거나 사정이 있으면 사채를 쓸 수도 있다. 하지만 이 친구는 빌린 돈 중 반은 시력 교정 수술을 받고 반은 여자 친구에게 명품 가방을 사줬다고 했다.

회계팀에게 올바른 경제관념은 필수다. 이 친구도 3개월을 끝으로 다시는 볼 수 없었다.

#직원 C

이 친구는 수에 참 밝았다. 절실함이 있었고, 회계일에 대한 감이 있었다. 드디어 제대로 된 친구를 뽑았다며 모두의 기대를 한 몸에 받았다. 인턴 기간 중에는 정규직 전환을 위한 과제를 내주는데 과제도 기대 이상으로 잘 해냈다. 엑셀에서 함수를 능숙하게 쓰고, 처음 다뤄보는 회계 프로그램도 자료를 뽑고 분석하는 데 어려움이 없었다. 하지만 이 친구는 정규직 전환을 일주일 앞두고 스스로 사직서를 내고 말았다.

첫 번째는 일하는 시간에 비해 급여가 너무 박하다는 이유였고, 두 번째는 결혼준비를 해야 하는데 퇴근이 눈치가 보인다는 이유였다. 회사에 입사하기 전에 시간강사로 자유롭게 일하다가 조직생활을 하려니 본인에게 맞지 않는 것 같다고 했다.

회계팀은 사내 다른 팀에 비해서 친구를 쉽게 사귀기 어려운 팀이다. 그래서 신입사원에게 입사 동기가 있으면 좋겠다고 생각했다. 동기가 있으면 회사생활에 대한 고충도 털어놓고 선배 욕도 하며, 힘든 상황에서 버틸 수 있는 윤활유가 되기도 하니까. 하지만 이 후로 우리는 인턴사원 뽑기를 포기했다.

"우리가 친구가 되어줄게."

회계팀의 전우애가 괜히 생긴 것이 아니다. 유일하게 서로의 고충을 이해하고 보듬어 주는 팀, 함께 있을 때 더 빛나는 팀, 함께라서 다행이다.

06 / 평행선을 걷고 있는 우리 : 현업과 회계팀

"대리님, 이렇게 빈칸으로 작성하시면 안 돼요. 규정 확인하시고 다시 작성해서 제출 부탁드립니다."

융통성이라고는 제로에 가깝고 정의감에 불타던 신입사원 시절, 잘 나가던 영업사원의 코털을 건들이고 말았다. 전화를 받은 직원은 다짜고짜 짜증을 냈다. 그게 뭐가 중요하냐며, 그냥 네가 작성해도 되지 않냐고 말했다. 하지만 열정과 사명감에 불타면 신입사원이었던 나는 그런 편법으로 일을 처리해주고 싶지 않았다. 그때 내 업무의 70%는 직원들이 제출하는 경비를 검토하고 처리하는 것이었다. 그러기 위해서는 규정을 숙지하는 것은 기본, 늘 매의 눈으로 규정을 제대로 지켜서 제출했는지 '명탐정 코난'에 빙의하곤 했다. 하지만 그런 내

모습이 현업부서의 눈에 어떻게 비춰질지 생각하지 못했다. 나는 내 할 일을 열심히 할 뿐이었으니까.

그날도 직원들이 제출한 서류를 검토하고 있었다. 그런데 모 대리가 야근일지에 날짜와 시간을 빈칸으로 둔 채 제출한 것을 발견했다. 우리 회사는 야근일지를 확인하고 야근식대를 별도로 지급하고 있었다. 날짜와 시간이 없으면 야근 여부를 확인할 수 없기 때문에 식대를 지급할 수 없다. 그래서 전화를 걸어 제대로 작성해서 제출해달라고 부탁드렸다. 하지만 나에게나 중요한 일이지, 현업에게는 아니었다. 매출과 관련도 없는 사소한 일을, 굳이 시간을 내서 해야 하는 귀찮은 일일 뿐이었다. 몇 번의 실랑이 끝에 결국 나는 팀장님께 소환됐다. 팀장님은 서로의 고충을 이해한다면서 중재를 해주셨다. 현업의 편에 서면 내가 서운할 테고, 제 식구 편을 들면 현업의 불만을 살 수 있기에 현명한 처사를 하신 것이다. 그렇게 팀장님의 중재로 서로 사과하고 마무리할 수 있었다.

회사는 두 부서로 나뉜다. 돈 버는 부서 vs 돈을 안 버는 부서. 다른 말로 하면 수익부서 vs 비수익부서, 영업부서 vs 관리부서. 이들의 관계는 어떨까? 서로 하는 업무가 다르다 보니 각자의 관점에 따라 업무 중요도가 달라진다. 영업부서는 매출지상주의다. 본인의 업무이고, 매출과 실적에 따라 평가를 받으니 당연히 매출이 가장 중요하다. 하지만 관리부서는 매출에서는 자유롭지만 각자 맡은 역할을 잘 해야 한다. 개발팀은 개발을 잘 해야 하고, 디자인팀은 디자인을 잘 해야 하고, 인사팀은 성과와 조직 관리를 잘 해야 하고, 회계팀은 회사 살림을 잘 해야 한다. 그러기 위해서 회계팀은 규정을 만들고 직원들을 통제하고 관리하는 역할을 맡고 있다. 그래서 영업부서는 회계팀을 깐깐하고 융통성 없고 무서운 부서라고 생각하고, 우리에게 영업부서는 돈을 벌어다주니 고마우면서도 때로는 밉지만 함께 공존해야 하기에 미워도 미워할 수만은 없는 영원한 적, 그 이름이 현업이다.

우리는 살면서 수많은 규칙을 마주한다. 학교는 9시까지 가야하고, 수업시간에 떠들면 안 되고, 친구와 싸우면 안 되고, 거짓말을 하면 안 된다고 배운다. 어른이 되면 제약이 더 많다. 운전할 때 신호위반·차선위반을 하면 안 되고, 대중교통을 타면 노약자에게 양보해야하고, 사회의 구성원으로서 법을 준수해야 한다. 하물며 어린이집에서도 "오리 꽥꽥" 하면서 줄을 서고 산책을 가며 규칙을 지킨다. 회사는 어떨까? 1만 원짜리 소모품이 필요해도 품의가 필요하고, 경비는 회사가 정한 날짜에 지급받고, 휴가는 결재가 필요하고, 본인의 역할을 다하지 않으면 다음 해 연봉협상에서 불리하게 작용할 수 있다. 모든 것은 문서로 규정하고, 우리는 규정을 지켜야 할 의무가 있다. 하지만 이것은 관리팀이 생각하는 당연한 생각일 뿐이고, 매출과 거래처가 더 우선인 현업에게는 귀찮은 일이 될 수 있다. 그래서 생각보다 많은 순간 그 당연한 일들로 인해 현업과 부딪힌다.

요즘 후배들을 보면 꼭 그때의 나를 보는 것 같다. 아니, 더하다. CSI가 따로 없다. 특히 SNS 활동이 활발해지면서 의도치 않게 개인의 사생활이 노출되는 경우가 많은데, 의심되는 사례가 생기면 조금만 검색해도 실마리를 찾을 수 있다. 그다지 중요한 일이 아니면 적당히 넘어가고 된다고 말해도, 아이들에게 내 말은 잔소리일 뿐이다. 우리에게 규정을 어기는 일은 참을 수 없는 일이고 그것을 눈감아주는 것은 업무 자존심에 스크래치가 나는 일이니까.

지금의 나는 후배들의 입장도, 현업의 입장도 이해하는 팀장이 됐다. 사회생활이 깊어간다는 것은 처세술이 유연해짐을 의미한다. 상대에 대한 이해도가 달라진다. 그 정도로 중요한 일은 아니었는데 그때의 나는 내 눈에 보이는 세상이 전부였다. 만약 그때 융통성을 발휘해서 처리해줬더라면 서로 좋지 않았을까. 아는 만큼 보인다는 말이 흐르는 시간과 함께 연차가 쌓여가면서 실감난다. 이건 업무에만 해당되는 것은 아닌 것 같다. 사람의 생각도, 내 안의 내공도 크고 작은 경험을 통해서 넓어진다.

07 / 평행선을 걷고 있는 우리 : 경비정산

직장인이 회사 업무를 하다보면 예기치 않은 지출이 생긴다. 거래처를 만나러 갈 때 택시를 이용할 수 있고, 거래처 직원과 커피나 밥을 먹을 일도 생기고, 원치 않는 야근을 하면서 저녁을 먹기도 한다. 회사는 이렇게 업무상 발생하는 비용을 직원에게 떠맡길 수 없으니, 관련 규정을 만들고 규정에 따라 경비를 처리해준다. 거기까지는 너무 평화롭다. 회사는 직원을 위해 비용을 지원해주고, 직원은 마음 편히 거래처를 만나니 각자 맡은 일에만 집중하면 된다. 하지만 문제는 그 다음이다. 모든 직장인의 숙제, 비즈니스의 기본 경비정산. 제출해야 하는 직원과 그 비용을 처리해야 하는 회계팀의 이해관계는 다르다. 아니, 달라도 너무 다르다. 한 회사 안에서 이렇게 다를 수가 있나?

대다수 회사는 월 1회에서 많게는 3회까지 경비 정산을 한다. 직원은 본인들이 사용한 비용을 회사의 절차에 따라 회계팀에 제출하고 비용을 승인받는다. 하지만 비용을 처리하는 일이 본업인 회계팀과 달리, 직원에게는 귀찮은 일이 될 뿐이다. 서로 업무에 대한 시각이 다르다 보니 부딪치는 일이 왕왕 발생한다.

현업: 상세 내역을 꼭 기재해야 하나요? 그냥 영수증만 제출하면 안 되나요?
회계팀: 규정에 맞게 사용했는지 확인이 필요합니다.

현업: 저 바빠요. 다음 달에 제출할게요.
회계팀: 당월 비용은 당월에 처리해야 해요. 저 바쁠 때 급여 다음 달에
　　　　　드려도 되나요?

현업: 영수증 잃어버렸는데 꼭 필요한가요?
회계팀: 영수증이 없으면 확인할 수가 없어요. 비용처리를 하려면 증빙은
　　　　　꼭 필요합니다.

현업: 뚜뚜뚜뚜…. (연락두절)
회계팀: 수정해 달라고 말해야 하는데….

비용은 무조건 처리해주는 것이 아니다. 모든 비용은 회사에서 만든 규정에 따라 움직인다. 비용뿐 아니라 모든 일은 규정에 의해 처리

되고 문제가 발생하면 규정이 우선시 되는 것이다. 회계팀은 그 규정을 우선해서 일하니 깐깐하고 융통성 없는 부서로 통하고, 영업부서는 경비 정산보다 본업이 더 중요하니 (회계팀에게) 자꾸 틀리는 부서로 통한다. 그러나 직원들이 모르는 것이 있다. 경비정산은 회계팀만의 일이 아니다. 본인이 사용한 비용을 규정에 따라 제대로 사용했는지 지원 요청을 하는 쪽이 영업부서다.

"○○직원이 주말에 집 근처에서 팀 경비를 사용했어요."
"△△직원은 직퇴를 핑계로 4시에 강남에서 택시를 타고 퇴근했어요."
"□□부서에서 회식비를 접대비로 청구했어요."

대부분 경비를 규정에 맞게 사용하지만, 간혹 개인의 욕심을 얹어서 사용하는 사람이 있다. 이럴 때는 융통성 없는 회계팀의 융통성이 최대로 발휘된다. 회계팀은 이런 사실을 파악하는 매의 눈이 필요하기 때문이다. 다시 말하지만, 모든 직원이 그런 것은 아니다. 정말 성실하게 회사의 규정을 지키는 사람이 98%다. 하지만 이런 식으로 거짓 증빙을 제출하는 몇몇의 직원들이 있어서 다른 정직한 직원까지 엄한 잣대를 피해갈 수 없다. 이런 이유로 회계팀과 영업부서는 한 걸음씩 점점 멀어지는 것 같다.

08 / 회계팀의 전우애

"올해 우수 사원은 영업 1팀의 ○○○대리, 영업 2팀의 △△△과장, 영업 3팀의 □□□대리! 올해 MVP팀은 영업 3팀! 축하합니다. 올한해도 고생 많으셨습니다."

TV에서 한해 드라마 성과를 가지고 배우에게 상을 주듯이, 회사에서도 연말 송년회에서 우수 직원과 팀에게 상을 수여한다. 드라마는 시청률이라는 지표가 있고, 회사는 매출이라는 정확한 지표가 있다. 늘 그렇듯 상은 매출부서의 차지다. 매출이 있어야 회사가 존재하니, 그 매출을 담당하는 부서가 얼마나 중요한지 우리는 모두 알고 있다. 수상자의 소감과 함께 박수갈채가 울려 퍼진다. 파이팅을 외치며 기뻐하기도 하고, 울먹거리는 직원도 있다. 1년 동안 얼마나 많은 고

생을 했는지 모두 알기에 한마음으로 축하해준다. 하지만 매출부서 반대편에서, 그 후광에 가려 고군분투하는 부서도 있다. 한 해의 성과를 칭찬하는 자리지만 올해도 우리는 박수 담당이다. 제일 눈에 안 띄는 테이블에 옹기종기 모여앉아 씁쓸한 눈으로 서로를 바라본다. 하지만 우리는 서로 무슨 생각을 하는지 잘 알고 있다. 허무함, 허탈함, 서운함. 매년 송년회 때마다 겪는 일이지만 괜찮지는 않다.

회사에서 가장 음지에서 일하는 팀을 꼽으라면 회계팀이 아닐까. 나는 개인적으로 회계팀이 존재감이 없는 회사가 잘 운영되는 회사라고 생각한다. 대체로 회계팀이 빛을 발휘하는 상황은 회사가 위기에 빠졌을 때니까. 하지만 존재감을 능력과 비례해서 생각하는 회사를 보면 참 서글픈 생각이 든다.

회사가 잘 나갈 때는 모든 것이 당연하다. 돈을 벌어오는 영업부서의 공은 높이 쳐주지만 뒤에서 묵묵히 일하는 관리부서는 당연히 할 일을 했다고 한다. 심지어 회계팀은 뭘 했냐며 성과를 운운하는 회사도 있다. 회사가 위기에 빠지면 상황은 더 심각하다. 어떻게 하면 숫자를 좋게 만들 수 있는지, 어떻게 하면 위기를 넘길 수 있는지, 세금을 조금이라도 줄일 수는 없는지, 외부에서 현금 융통을 할 수 있는지, 악성 미수채권을 제대로 회수할 수 있는지, 회사에서 원하는 역할은 더 많아지지만, 그마저도 잘해야 본전이고 못하면 무능력하다고 비난을 받는다. 여기서 작은 실수라도 하는 날에는 얄짤 없는 비판이 이어진다. 그래서 대다수 회사는 회계팀이 힘이 없다. CFO를 제외한

임원들도 회계팀이 하는 일을 정확히 아는 사람이 드물고, 그 과정에서 어느 정도의 노력과 시간이 필요한지도 모르는 사람이 많다. 그러니 회계팀이 왜 중요한지, 하는 업무를 이해받고 인정받기가 쉽지 않은 것이다.

MVP팀 이름이 불리고, 수상소감을 얘기하자 팀원이 조용히 한마디 한다.

"나도 저 팀 광고주 때문에 정말 힘들었는데…. 나 정말 퇴사하고 싶었던 거 알죠?"

"알지, 알지~ 매출정산이 좀 어려웠어야지. 현업 애들도 제대로 확인을 못해서 우리가 정말 할 일이 많았잖아. 다 알아."

"정말 고생했어. 우리한테 올해 MVP는 너야."

동료의 위로에 눈시울이 붉어지며, 우리의 전우애가 한층 더 쌓이는 것이 느껴진다. 요즘 블라인드 앱에서 "탈 회계"라는 단어를 여러 번 접한다. 음지에서 일하는 회계팀 사람들의 마음을 짐작할 수 있는 단어다. 하지만 그럼에도 불구하고 이 직무에서 보람을 느낀다는 것은 우리에게 이 직군이 꽤나 매력이 넘치는 일인 것은 분명하다. 그래서 서로에게 의지하며 오늘을 이겨내고, 내일을 준비할 수 있는 것이 아닐까. 함께 걷는 동료들이 곁에 있어서 정말 다행이다.

회계팀의 업무 사이클 :
야근과 한잔의 추억

"오늘 몇 시에 끝나?"

내 후배는 이 질문에 치를 떤다. 정확히는 월초에 묻는 질문. 이 직군에서 일한 지 10년이 다 되어가는데도 그녀의 배우자가 아직도 월초에 퇴근시간을 묻는다며, 어쩌면 그렇게 사람이 무심할 수 있냐고 열변을 토하곤 했다. 그녀가 그토록 화내는 이유는 당연하다. 왜냐하면 우리 업무는 매월 사이클이 일정하기 때문이다. 결산의 굴레. 쳇바퀴처럼 굴러가는 월 스케줄은 한 치의 오차도 없이 매달 똑같이 돌아간다.

회계팀에게 야근은 피할 수 없는 숙명이다. 우리 일은 매월 결산이라는 작업을 반복적으로 진행하는데, 얄궂게도 그 일은 늘 시간에 쫓긴다. 월초는 우리를 회사 붙박이로 만들어 버리는, 우리에게 잠시 멈춰버렸으면 하는 시간이다. 우리 회사 결산의 데드라인은 영업일 5일이다. 회사용어로 영업일은 평일을 말한다. 그래서 우리는 그나마 괜찮은 편이다. 무조건 1일에 결산을 끝내야 하는 회사도 있는데, 그들은 밤샘 작업이 기본 사이클이라고 한다.

우리 한 달 업무 사이클은 이렇다. 영업일 5일까지 결산 공장이 가동되고, 그 다음 주 5일은 보고서를 만들고, 다음 주 5일은 지난 결산을 다시 검토, 상시 업무, 그리고 각자에게 주어진 고과업무를 준비한다. 마지막 5일은 다음 달 결산준비. 그중 결산을 수행하는 5일은 무조건 야근이고, 그 다음 주 보고서가 안 풀리면 또 야근이고, 그 다음 주 검토하다가 문제가 생기면 그때도 야근이고, 마지막 주는 분기결산이나 연 결산을 준비해야 하면 역시나 야근이다.

"설마 1년 365일을 이렇게 보내지 않겠죠?"

회계팀의 업무 사이클에 대한 소개를 들은 신입사원이 묻는다. 그러면 우리는 웃으며 대답한다.

"네, 맞습니다. 고객님! 행복한 회계월드에 오신 것을 환영합니다."

야근, 야근, 야근. 회계팀의 애정이 괜히 생긴 게 아니다. 하루 24시간 중 잠자고 출퇴근하는 시간 제외하고 14시간 이상을 붙어 있으니, 오히려 가족 같지 않은 게 이상할 수밖에. 그리고 집에 있는 가족보다 더 자주 밥을 함께 먹는다. 여기에 촉매제는 당연히 알코올! 야근하면서 먹는 술이 얼마나 달콤한지, 이건 경험한 사람만이 알 수 있다. 그날 있었던 속상한 일, 현업과의 이야기, 내 맘을 알아주지 않는 직장상사 험담까지 하고 나면 우린 어느새 피보다 진한 전우애가 발동한다. 그렇게 한 잔 한 잔 추억이 쌓이니 자연스레 주량까지 늘어난다. 인생이 쓰면 술이 달다고 했던가.

어떤 때에는 업무 협조와 친목을 위해 영업부서와 회식을 할 때가 있다. 분명 동료건만 회식자리에서 우리는 서로 동상이몽이다. 영업부서는 우리를 또 하나의 거래처라 생각하고, 우리는 영업부서를 고객이라고 생각한다. 서로를 어려워하는 사이라고 할까. 서로에게 쌓인 피해의식이 회식자리에서 객기로 종종 발현되곤 하는데, 그중 하나가 술부심이다. '너희에게 술로는 지지 않겠다. 까불지 마라.' 말로는 뱉을 수 없는 말을 술을 통해 표현한다. 평소에 무섭게 일하던 우리 팀은 그런 회식 자리에서 더 무섭게 술을 마신다. 평소 업무로 힘들었던 팀과 만나는 날이면 상대팀을 도망가게 만드는 것이 우리 목표였다. 회식의 화룡점정은 다음 날 아침이다. 새벽까지 함께 술을 마시고, 아침 9시 사내 카페에 앉아 우아하게 커피와 디저트를 마시며 그들의 출근을 지켜본다. 죽상을 하고 출근하는 직원의 놀란 눈이 체념으로 바뀌면, 드디어 우리가 이긴 것이다. 물론 이긴다고 상이 돌아오는 게임은 아니다. 회계팀이 독하다는 사실만 확인한 전설의 일화가 됐을 뿐.

물론 지금은 예전만큼 야근을 하지 않는다. 52시간제라는 것이 생겨서 야근에 대한 인식이 바뀌기도 했고, 업무를 자동화해서 손이 많이 줄었다. 그리고 코로나가 바꿔놓은 회식문화. 지금은 저녁 회식보다는 점심 회식을 선호한다. 변하지 않을 것 같던 조직문화도 세월이 지나면 자연스럽게 변하는 것이 이치인가 보다. 맥주 한 잔을 기울이며 나눴던 수많은 진심, 반짝반짝 빛나는 추억이 됐다. 가끔은 그때의 우리가 그리워진다.

회계팀의 1년은
4월부터 시작된다 :
회계팀의 시계

"댕-댕-댕-"

TV에서 제야의 종소리가 울린다. 1월 1일, 새해가 밝았다. 사람들은 새해의 기쁨에 취해 마음이 들뜨고 저마다 소원을 빈다. 새해가 온다는 건 설레는 일이다. 하지만 이런 인파 속에 유일하게 어두운 그림자가 있다면, 그 사람은 회계직군 종사자일 가능성이 높다.

"윤아 씨, 작년 재무제표 좀 출력해서 회의실로 가져다주세요."

새해가 지나고 은행 담당자와 미팅 중이던 팀장님으로부터 업무지시가 들어왔다. 곧바로 회계 프로그램을 열고 재무제표를 출력해서 자료를 가져다 드렸다.

"작년 재무제표 출력해 달라고 했는데. 이건 올해 거잖아."

회계 프로그램과 내가 보낸 자료를 다시 확인해 봐도 작년 자료가 맞다. 팀장님이 무슨 말씀을 하시는지 상황파악이 안되던 나는 진심으로 당황스러울 뿐이었다.

우리는 1월 1일이 되면 경건하게 마음을 재정비한다. 신정을 보내고 출근하면 회계팀의 업무가 본격적으로 시작되기 때문이다. 1월부터 3월까지 직전년도 결산이 진행되므로, 우리에게 한 해의 살림을 마무리 하는 가장 바쁜 시기다. 농부도 추수할 시기가 오면 가장 바쁘다. 회계팀도 새해가 지나고 3월까지 한 해 농사를 마무리 짓기 위해 고군분투하는 것이다. 이 시기에 우리는 꼼짝없이 회사 붙박이가된다. (대부분 회사는 12월 말일을 기준으로 한해 결산을 마감하는데, 이를 회계팀 용어로 12월 말 법인이라고 부른다. 3월 말에 마감하는 법인은 3월 말 법인이라고 부른다.)

회계팀의 시계는 새해가 지나고 3월까지, 여전히 작년에서 똑딱거리고 있다. 그런 우리에게 생긴 직업병은 바로, 시간 개념이 없어진다는 것. 작년과 올해를 넘나들며 일을 하다 보면 머릿속은 혼돈의 카오스가된다. 직업병에서 오는 착오는 일상생활까지 혼란스럽게 한다. 그래서 신입사원인 나와 달리, 팀장님의 시계는 여전히 작년에 머물러 있었던 것이다. 우리에게 이런 착각은 매년 겪는 흔한 일이다.

나도 팀장님의 말을 이해하는 데 그리 오랜 시간이 걸리지 않았다. 우리는 한 해 결산이 끝나고 나서야 비로소 진정한 새해를 맞이한다는 것을. 그 뜻을 이해한 나는 비로소 진정한 회계인이 된 듯했다.

매월 월 결산을 진행하고 있지만, 연 결산은 또 다르다. 누군가는, 월 결산을 합산하면 되는 거 아니냐고 묻겠지? 월 결산이 모여 연 결산을 만드는 것도 틀린 말은 아니다. 하지만 연 결산은 고려해야 할 것도, 해야 할 일도 너무나 많다. 특히나 연 결산은 한 해를 작렬하게 마무리하는 일이기 때문에 작은 실수라도 용납되지 않는다. 그래서 3월까지는 긴장의 끈을 놓을 수가 없다.

12월 결산을 한다. 가계정을 정리하고 결산조정사항을 체크한다. 연간 부가세액을 확인한다. 재무제표를 확정한다. 계정별로 증감 금액을 검토하고 현금흐름표를 그린다. 결산이 확정되면 다음은 세무조정이다. 세무조정은 회계상 이익과 세무상 이익을 조정해서 법인세를 산출하는 과정을 말한다. 세무조정으로 법인세를 확정하고 회계감사를 받는다. 감사보고서를 만들고, 세무조정계산서, 잔액명세서, 영업보고서를 만든다. 보고서는 수십 번의 검토 작업을 거쳐 책으로 만든다. 법인세를 신고하고 납부한다. 회사 재무제표를 공시한다. 이걸로 정말 끝. (이건 중소기업의 결산 사이클이고 대기업은 이것보다 업무가 훨씬 많다.)

이렇게 한 해를 마무리 하고 나면 4월의 시작과 함께 드디어 진정한 새해를 맞이한다.

"올해도 고생 많았어. Happy New Year!"

에필로그

제 삶에도 회계가 필요한 순간이 오나요?

이 책은 '회계는 어렵다'라는 생각에서 출발했습니다. 쓰는 과정이 쉽지는 않았습니다. 스스로 책으로 풀어내기에 지식이 부족하다는 것을 느꼈고, 회계라는 전문적인 분야를 이렇게 가볍게 이야기해도 되는지 고민이 많았습니다. 하지만 누구에게나 초보 시절은 있습니다. 전문가의 레벨이 10이라고 한다면, 레벨 0인 초보자가 전문가로부터 지식을 전수받기는 어려운 일이겠지요. 누군가가 초보자의 시선으로 가르침을 줄 수 있다면 재미있게 해볼 수 있겠다는 생각을 했습니다. 덕분에 신입사원 시절 저의 우당탕탕 에피소드가 많이 소환됐어요. 그 시절 추억도 다시 만날 수 있어서 행복한 시간이었습니다.

우리 함께 인생의 재무제표를 그려보아요.

기업에서도 기업의 성장가능성과 미래를 그리기 위해 사업계획을 세우고, 미래의 재무제표를 추정합니다. 기업은 여러 가지의 시장변수와 회사 현재 상황, 성장가능성 등 여러 가지 상황을 고려해서 계획을 세우지요. 그런데 이 추정 재무제표의 전제 조건은 반드시 성장을 해야 한다는 거예요. 회사는 성장해야 존재의 이유가 있다고 하죠. 이건 개인도 똑같지 않을까요?

우리 함께 인생의 재무제표를 그려보아요. 원하는 미래의 손익계산서를 그려보고, 늘어나는 당기순이익만큼 자산이 증가하는 모습을 구체적으로 만들어보세요. 그 끝에서 반드시 성장한 내 자신을 만날 수 있을 거라고 확신합니다.

직장생활 19년 차, 지겹지 않냐고요?

얼마 전, 제가 이 길에서 성장할 수 있게 가르침을 주셨던 선임을 만났습니다. 여느 때와 같이 일 얘기를 하다가 뜬금없이 이렇게 물으셨어요.

"너는 아직도 회계가 재미있니?"

"당연하죠. 그 힘으로 여기까지 온 건데요. 저는 새로운 거 알게 되면 너무 신나고 더 배우고 싶어요."

망설임 없이 대답했습니다. 그랬더니, 직장생활하면서 너처럼 즐기면서 하는 애는 본 적이 없다면서 웃으시더라고요.

직장생활을 한 지 19년이나 되었네요. 설마 19년 동안 재미있기만 했겠어요. 직장생활은 일보다는 사람이 더 힘들게 할 때가 있고, 특히나 워킹맘으로서 지치고 포기하고 싶은 순간이 정말 많았습니다. 하지만 그럴 때마다 새로운 것을 찾으려고 했고, 약한 마음에 지지 않으려고 노력해서 지금 이 순간이 오지 않았을까 생각합니다.

한 해에 수천 권의 책이 만들어지고, 또 사라진다고 합니다. 어쩌면 이 책도 태어나서 사라지는 수천 권의 책 중에 하나가 될 수도 있고, 정말 필요한 사람들에게 도움이 되는 책이 될 수도 있겠지요. 그렇게 된다면 내가 꿈을 이루었다는 사실보다 누군가에게 도움이 되고 희망을 주었다는 사실이 더 행복할 것 같습니다. 어쩌면 이 책은 저에게 마지막 꿈이 아니라 시작하는 계기가 되지 않을까 해요. 앞으로 더 소통하고 제가 받은 도움을 다시 나누며 또 다른 길을 걷고 싶습니다.